本当にある！

変な

ことわざ図鑑

変で、笑えて、心にしみる！

この本は、本当にある「変なことわざ」を350以上集めた「ことわざ図鑑」です。1つ1つのことわざについて、教訓、豆知識、類句（似た意味のことわざ）なども紹介しています。

「古くさい」、「かた苦しい」、「勉強」……ことわざにはそんなイメージがあるかもしれません。でも、昔から今まで伝えつづけられ、辞書にも載っているということは、それだけ人の心に響く言葉であった証。中でも「変なことわざ」は、世の中における1つの真実を教えてくれます。それは、

無駄なことほどおもしろく、無駄なことほどタメになる

ということ。

「変なことわざ」はテストにも出ないし、仕事にも使えません。でも、「変に知的な」、「変に笑える」、「変に心にしみる」ものばかりなのです。

無駄な知識だけれど、知っていればなんだか楽しいし、話せばきっと盛り上がる……はず！

この本が「変」、「無駄」の奥深さや、日本語のおもしろさに興味をもつきっかけになれば幸いです。

おまえら「水母の行列」か！

P55へ

今回はぼくに「尻が来る」ような気が…

P82へ

「変なことわざ」はこんな風に使います。

この会議「蛞蝓の江戸行き」だな…

P122へ

いくら言っても「道楽息子に妹の意見」なのよねぇ…

P110へ

目次

あ行	P6
コラム1	ありえない	P9
コラム2	医者	P16
コラム3	ウシ	P22
コラム4	鬼	P29

か行	P31
コラム5	カニ	P36
コラム6	神	P37
コラム7	金	P38
コラム8	カラス	P40
コラム9	逆・反対	P47
コラム10	食う	P48
コラム11	くそ	P51
コラム12	けんか	P61

コラム13	極楽	P64

さ行	P67
コラム14	酒	P70
コラム15	サル	P74
コラム16	シャレ	P80
コラム17	尻	P83
コラム18	人名	P84

た行	P92
コラム19	団子	P98
コラム20	当然	P108
コラム21	どっち?	P112

な行	P119

どこを読んでも
どこから読んでも
「変なことわざ」!

| コラム22 | 盗人・泥棒 | P128 |
| コラム23 | 年齢 | P130 |

は行 P135

コラム24	馬鹿・阿呆	P137
コラム25	鼻・におい	P140
コラム26	ハマグリ	P143
コラム27	腹	P144
コラム28	ひげ	P147
コラム29	貧乏	P153
コラム30	富士山	P154
コラム31	屁	P158
コラム32	下手	P161
コラム33	坊主・僧	P164

ま行 P168

コラム34	まつげ・眉毛	P168
コラム35	虫	P178
コラム36	もち	P186

や行 P188

ら行 P203

わ行 P208

| コラム37 | 3・4・5 | P210 |

・ことわざは当時の一般的な考え方などが反映されているので、差別的な意味をもつものもあります。
・コラムは50音順でないものもあります。
・イラストはわかりやすくするために、細部を省略したり、擬人化したり、変形させたりしています。
・ことわざの表現や意味が諸説あるものもあります。
・最新の辞書には載っていないことわざもあります。
・人名の敬称は省略しています。また、紹介する名言は、その人物の作品内の言葉もあります。

挨拶より円札

意味 言葉でのお礼より、お金など実際に役立つものの方がありがたい。

　明治時代になってから生まれたことわざで、「円札」とは1円札のこと。「挨拶」は人に好感を与え、「円札」は人に利益を与えます。大人になると「挨拶より円札」が好まれるシーンも多くなりますが、「挨拶と円札」の両方を大切にする心の余裕をもちたいですね。
　ちなみに「思し召しより米の飯」という類句や、「米の飯より思し召し」という反対の意味のことわざがあります（思し召し：好意・思いやり）。

商いは牛の涎
あきな　　　うし　　よだれ

意味 商売は細く長くコツコツと つづけることが大切。
しょうばい ほそ なが たい せつ

　口から長くたれるウシのよだれで、商売のコツを表現したことわざです。ウシは1日に180ℓほどのよだれを出すのだそう（人間は約1.5ℓ）。胃袋が4つあり、食べた草を胃の中で発酵させ、口の中に戻してよだれと混ぜてから、また飲み込んで消化します。これを「反すう」といいます。
　趣味、勉強……商売に限らずどんなことも、ただ「やる」より「やりつづける」ことが大切ですね。

呆れが礼に来る

意味 あまりにも呆れてしまう。

「呆れ」の方からお礼に来てしまうほど呆れることを表し、「呆れがお礼」ともいいます。江戸時代には、呆れ返ることを「呆れが宙返りする」と表現することもあったそうです。

　怒られるのは、「この人は変われる」と期待されている証。もし怒られなくなったら、それは「この人はもう変わらない」と呆れられてしまったのかも……「呆れが礼に来る」前に、自分自身を見直したいものです。

column 1
ありえない

「できない」、「絶対無理」、「存在するわけがない」……そんな昔の人の「ありえない」という思いが、ことわざではユーモアたっぷりに表現されています。

朝日が西から出る
▶ ありえない。

石に花咲く
▶ ありえない。

「岩に花咲く」、「枯れ木に花」という類句もあります。

鰯網で鯨捕る
▶ ありえないほどの収穫を得たり、幸運をつかむ。

「ありえない」という意味もあります。

男猫が子を生む
▶ ありえない。

「雄鳥が卵を産む」という類句もあります。

水母の骨
▶ ありえないものや、とても珍しいこと。

ちなみに、クラゲに骨はありません。

豆腐で歯を痛める
▶ ありえない。

冷や飯から湯気が立つ
▶ ありえない。

鮑の片思い
あわび　かた おも

意味 自分だけが相手に恋をしている。

　アワビが二枚貝の片側のように見えることから、「片思い」とかけたことわざです。古くから使われていて、『万葉集』のほか、松尾芭蕉の俳句にも登場します（アワビは夏の季語です）。
　実際は二枚貝ではなく、サザエと同じく巻貝の一種。夏に旬を迎える高級食材として、刺し身、酒蒸し、ステーキなど、さまざまな食べ方があります。そのおいしさに惚れ込んで、「鮑に片思い」をしてしまうかも？

あんころ餅で尻を叩かれる

意味 **予想外の幸運がやってくる。**

　もちでお尻を叩かれる状況を「幸運」と考える、ユニークなことわざです。「牡丹餅で頬を叩かれるよう」ともいいます。
　普通はなにもせず下を向いていたら、チャンスの女神に気づけません。運がいい人はいつだって、前を向いて行動している人。『ロミオとジュリエット』などで有名なイギリスの劇作家・シェイクスピアも、こんな言葉を残しています。「天はみずから行動しない者に、救いの手を差し伸べない」。

怒れる拳
笑顔に当たらず

意味 どんなに怒っている人も、笑顔を見せられてはなぐれない。

「笑顔に当てる拳はない」、「尾を振る犬は叩かれず」、「笑う顔に矢立たず」という類句があります。

相手が怒っているときは、おびえたり怒り返すのではなく、笑顔で接してみるのも1つの手です。ヘラヘラしてはさらに怒らせてしまいますが、純粋な笑顔は「敵意がない」ことを表す印。聖職者のマザー・テレサも、こんな言葉を残しています。「ただ微笑むだけで、どれほど幸せになれることか」。

息の臭きは主知らず

意味 自分の短所は、自分では気づきにくい。

「彼は人の話を聞いていない」、「あの子は言いわけばかり」、「あの人は自分勝手」……他人の欠点が目についたとき、直接相手に言わずだれかに不満をこぼしてしまうことはありませんか。でも、「他人の欠点が目につく」ということは、「他人も自分の欠点が目についている」という可能性があります。不満をこぼしそうなときは深呼吸をして、自分も不満を言われそうなことをしていないか振り返る時間をつくると、少し冷静になれるかもしれません。

石地蔵に蜂
いし じ ぞう　はち

意味 なんとも感じない。
痛くもかゆくもない。

　日本に約5,000種いるといわれているハチ。その中でもよく見かけるミツバチは、一度刺すと死んでしまいます。刺したとき、針といっしょに内臓もとれてしまうからです（それ以外のほとんどのハチは、死ぬことはありません）。ちなみに、ハチの毒には敵が来たことを知らせるフェロモンが含まれていて、それによって仲間のハチも敵に気づき、攻撃をはじめます。
　「牛の角を蜂が刺す」という類句があります。

医者上手にかかり下手

意味 ものごとをうまく進めるには、相手を信用することが大切。

医者が名医でも、患者が言うことを聞かなければなかなか治りませんね。世の中ではたいてい、チームとしての結果が求められます。たとえば10人チームの場合、自分が100の力を出せても、まわりが50の力しか出せなければ合計550。逆に自分が50の力しか出せなくても、まわりが80の力を出せれば合計770……まわりを信用してその力を引き出せば、最後に「自分の利益」、「自分への評価」として返ってくるはずです。

コラム column2 # 医者

人の生死にかかわるお医者さんですが、ことわざの中ではけっこうひどく言われることも……。

医者が取るか坊主が取るか
▶ 生死の境目にいる重病人。

医療費やお葬式代など、「病気や死には金がかかる」という意味もあります。

医者と味噌は古いほどよい
▶ 経験を積んだ医者の方が安心であり、時間が経った味噌の方がおいしい。

「熟練の技」と「熟成した味わい」……年月を重ねたものが貴重であることを表すことわざです。

医者の只今
▶ あてにならない約束。

「『診察に来てほしい』と医者に頼んでも、『ただいま行きます！』と言ってなかなか来ない」ということを表しています。今は家にお医者さんを呼ぶのではなく、病院に行くのが一般的ですね。

葬式すんで医者話
▶ 今さら言っても仕方がない愚痴。

「お葬式が終わってから、『別の医者に診てもらっていれば』などと話をする」ということを表しています。また、「葬礼帰りの医者話」、「死んだ後の医者話」ともいいます。愚痴を言って後悔するより、「今度はこうしよう」と反省して次につなげたいですね。

鼬の最後っ屁

意味 困ったときの最後の手段。

「最後っ屁」といっても、人間のおならのような生理現象ではありません。イタチには、お尻の穴のすぐそばに「肛門腺」という豆粒サイズの袋があります。そこに茶色くて臭い液体をためていて、敵に襲われたときに、音とともにその液体を外に飛ばして逃走します。つまり「最後っ屁」は、身の危険を感じたときの「最終兵器」なのです。

ちなみに、「最後に醜態をさらす」という意味もあります。

一犬影に吠ゆれば
百犬声に吠ゆ

意味 1人がいい加減なことを言うと、まわりがそれを事実のように広める。

何気ない一言が、とんでもないうわさ話として広がったり、それが原因でだれかと気まずい仲になったり……本当かどうかわからないことは、うかつに口にしない方がいいですね。また、「本当かな?」と思った話は聞き流すことも大切。相手はただ、影に吠えているだけかもしれませんから。
「一人虚を伝うれば万人実を伝う」、「一鶏鳴けば万鶏歌う」、「一匹の馬が狂えば千匹の馬が狂う」という類句があります。

芋の煮えたも御存じない

意味 世間知らずで常識がない。

「いもが煮えたかどうかもわからないくらい、お坊っちゃま・お嬢さま育ちである」ということを表しています。
　仲がいい人でも、こちらが一般常識を知らないと「えっ……」となり、とたんにサッと距離をとられることがあります。特に、恵まれた環境にいたからこそ知らずにいた場合は、嫉妬や嫌がらせを受けることも。みんなが知っていることは、できるだけ知っておきたいですね。

うかうか三十 きょろきょろ四十

意味 あっという間に月日が経ち、年をとってしまう。

「30代を気楽に過ごし、40代になってあわてる」という意味もあります。
　子どものころに「大人ってすごい」と思っていても、いざ大人になると、やらなきゃいけないことがあるのに遊んでしまったり、ダラダラしたり、途中であきらめたり、そのうち1年があっという間に過ぎてしまったり……結局子どものころと変わっていない自分に気づくことも。なんでもつくれる世の中で、唯一つくれないのは「時間」です。うかうかしている時間はありませんね。

浮世渡らば豆腐で渡れ

意味 真面目さと柔軟な心をもって、うまく世の中を渡り歩こう。

　きっちり四角いけどやわらかい……そんなお豆腐のように、真面目さと柔軟さのバランスを保って暮らしたいですね。
　世の中は、状況や場所によってルールも雰囲気も違います。そのため、「しっかり」と「ゆるり」のメリハリが大切です。どちらかに偏ってしまうと「堅い人」、「ふざけた人」とレッテルを貼られてしまうことも。楽しそうに生きている人はたいてい、両方をうまく使いこなしている人です。

column 3 ウシ

「人に身近な動物」といえばイヌやネコがすぐに浮かびますが、ことわざにはウシも多く登場します。

牛の小便と親の意見は長くても効かぬ

▶ 親が長く説教しても、子どもに効き目はない。

ウシのおしっこは、時間が長くかかりますが肥料にもなりません。ちなみにウシは1日に10〜15ℓもおしっこをするそうです。

遅牛も淀 早牛も淀

▶ 多少の早い遅いはあっても、結果は同じだからあわてない方がいい。

「淀」は、集荷場として栄えた京都市伏見区の町。「ウシによって歩く速さに違いがあっても、最終的にたどりつく場所は同じ淀である」ということを表しています。

暗がりから牛

▶ 区別がはっきりしない。動きがにぶい。

「暗闇の牛」ともいいます。

蒔絵の重箱に牛の糞盛る

▶ 形は整っているが、内容が伴っていない。

「蒔絵」とは、漆工芸の装飾の1つ。「美しい容器につまらないものを入れる」ということを表しています。ちなみに「糞」は「くそ」とも読みます。

雌牛に腹突かれる

▶ 甘く見ていた相手に突然痛い目にあわされる。

「オスのウシに比べてメスはおとなしい」なんて思っていると、不意打ちを食らってしまうことを表しています。

牛に乗って牛を尋ねる

意味

求めているものが
すぐ近くにあるのに、
遠くまで探しに出るような
無駄なこと。

「負うた子を三年探す」という類句があります。ずっと探していたものが意外とすぐ目の前にあったり、親のありがたさがわからなかったり……近過ぎて気づかないのは暮らしの中でよくあること。「灯台下暗し（近過ぎるとかえってわからないことがある）」ですね。

牛に引かれて善光寺参り

意味 他人の誘いや影響で、たまたまその道に導かれる。

このことわざは、あるおばあさんが由来ともいわれています。「信濃国（長野県）に住むおばあさんがいました。ある日、干した布を隣の家のウシが角にひっかけて走り出したため、追いかけていくと、いつの間にか善光寺に着き、その縁からたびたびお参りするようになりました」……このおばあさんのように、偶然の出会いに身を委ねることもときには大切。ハプニングが幸運になるか不運になるかは、自分のとらえ方次第かもしれません。

内閻魔の外恵比須

意味 家では怖い顔でいばるのに、外では笑顔で愛想のいい人。

　社内でいばって社外でペコペコ……なんてことはせず、「本当に大切な人は外ではなく内にいる」と心にとめておきたいものです。
　「閻魔」とは、死者の生前の行いをさばく地獄の王。「恵比須」とは、七福神の1人で商いの神（ニコニコした顔を「恵比須顔」といいますね）。
　「内で蛤 外では蜆」、「内弁慶の外地蔵」、「内広がりの外すぼり」という類句があります。

蝦踊れども川を出でず

意味 それぞれに天が定めた運命があり、それを超えることはできない。

「どんなに跳ねても蝦は川からは出られない」ということを表しています。
大人になると「やりたいこと」より「やるべきこと」を優先してしまい、なんとなく「ちょうどいい場所」にとどまる自分自身に不満をもつこともあります。でも、他人をうらやむのではなく、自分の居場所やもっているものを見直すと、新しい幸せが育まれることも。なんとなくつづけていた「やるべきこと」の中から、「やりたいこと」が見つかることだってあるのです。

閻魔の色事

意味 似合わない。釣り合わない。

　地獄の王である「閻魔」と「恋愛」は、とても不釣り合いですね。でも、日々の中でそのギャップが魅力になることもあります。有名な格闘家が実はお化け屋敷が苦手だったり、いつもはヘラヘラしている人が仕事ではしっかり結果を出したり……大きな落差が人の心をつかむのです。
　相手の強い部分と弱い部分、両方が見えたとき、人はその人により惹きつけられるのかもしれません。

落ち武者は薄の穂にも怖ず

意味 びくびくしていると、なんでもないものも怖く感じる。

「逃げる武士は、薄の穂にもおびえる」ということを表しています。「怖い」、「つらい」、「嫌い」……そんな気分だと、次のできごともネガティブに感じがち。看護師・ナイチンゲールもこんな言葉を残しています。「心に恐れを抱いていては、なんとささやかな行いしかできないことでしょう」……大切なのは、「なにが起こるか」より「どんな気分か」。つまりポジティブな心をもつだけで、意外と多くの問題が解決されたりします。

column 4 鬼

日本では昔から「悪役の代表」ともいえる鬼。でもここで紹介する鬼は、悪いやつばかりではありません。

鬼に瘤を取られる
▶ 損したように見えて、実際は得をする。

昔話の「こぶとりじいさん」ですね。

鬼の念仏
▶ 残忍な人が、表面上は情け深い人のようにふるまう。

柄にもなく念仏を唱える鬼……想像するだけで信用できない感じがしますね。

鬼も頼めば人食わず
▶ 相手がやりたいことでも、こちらが「やってほしい」と頼むともったいぶってやってもらえない。

「人を食べる鬼にみずから『食べてくれ』と頼むと、鬼は食べない」ということを表しています。また、「どんなに冷たい人でも、本気で頼めば聞いてくれることがある」という意味もあります。人を食べる非情な鬼でも、「食べないで」と心から頼めば食べられずにすむ……こちらの方がイメージしやすいですね。

鬼も角折る
▶ 悪人がなにかをきっかけに善人になる。

知らぬ仏より馴染みの鬼
▶ よく知らない親切な人より、身近な人に頼る方がよい。

「馴染みの鬼って!」と思わずつっこみたくなりますが、「知り合いではない仏より、よく知っている鬼の方がまだまし」ということを表しています。

お前百まで わしゃ九十九まで

意味 「いっしょに仲よく長生きしよう」という夫婦の思い。

このあとに「共に白髪の生えるまで」とつづきます。ちなみに「お前」は夫、「わしゃ」は妻のことともいわれています。

日本人の平均寿命は男性が約81歳、女性が約87歳。ちなみに1970年のころは、男性が約69歳、女性が約75歳でした。男女どちらも50年ほどの間に10歳以上寿命がのびていますね。いっしょにいる時間が増えた分、仲の良し悪しで楽しい人生かどうかも決まるかも?

海賊が山賊の罪をあげる

意味 自分の悪さに目もくれず、相手の欠点を非難する。

「罪をあげる」とは非難をすること。「五十歩百歩」、「目糞鼻糞を笑う」という類句があります。

「だって○○」、「そっちこそ○○」と争っても、会話の雰囲気が悪くなるだけです。アメリカの実業家・カーネギーもこう言っています。「他人の短所を見れば憂うつになり、他人の長所を見れば人生が楽しくなる」……「足を引っ張り合う会話」より、「お互いを高め合う会話」を心がけたいですね。

蛙(かえる)におんばこ

意味 薬(くすり)がよく効(き)く。

「カエルにオオバコの葉(は)をかぶせると生(い)き返(かえ)る」という迷信(めいしん)が由来(ゆらい)です。
　カエルは水(みず)の中(なか)に卵(たまご)を産(う)み、卵からかえったオタマジャクシはえら呼吸(こきゅう)をして成長(せいちょう)します。やがて足(あし)が生(は)えてきて尾(お)が短(みじか)くなり、えらも退化(たいか)。その後(ご)、カエルとなって陸(りく)に上(あ)がるのです。ちなみに、鳴(な)くのは基本的(きほんてき)にオスだけ。アマガエルやヒキガエルなどは、「鳴(な)き袋(ぶくろ)」という部分(ぶぶん)を使(つか)って空気(くうき)をためたり、音(おと)を響(ひび)かせたりするため、口(くち)を開(あ)けずに鳴きます。

蛙は口から呑まる

意味 余計なことを言って災いを招く。

「カエルは鳴いてしまったばかりに、ヘビに見つかり食べられる」ということを表しています。

　イライラしていたり急いでいると、ついつい言わなくていい余計な一言を言ってしまうことがあります。言った瞬間はスッキリしても、その相手との関係は悪くなるだけ。どんなに短い一言でも、相手はずっと覚えています。憎まれ口や捨てゼリフは、あとで自分を傷つけると覚えておきましょう。

餓鬼の断食

意味 当たり前のことなのに、特別なことをしているように見せる。

「餓鬼」とは、飢えと渇きに苦しむ亡者のこと。彼らは生前に悪いことをしたため、食べたり飲んだりしたくても、ものがのどを通りません。そんな餓鬼が「断食をしている」といばっても説得力はゼロ。自分のことを大きく見せれば見せるほど、相手には「小さいやつだ」と思われてしまいますね。

ちなみに、「手に負えない子」という意味で使う「ガキ」も、漢字では「餓鬼」と書きます。

陰では殿のことも言う

うちの殿様、戦が怖くて泣いたことあるんだって！

格好悪いなぁ

意味 悪口を言われない人などいないから、気にしない方がいい。

　あの坂本龍馬もこう言っています。「世の中の人は何とも言わば言え。我なすことは我のみぞ知る」……悪口は気にしないのがいちばんですね。
　また、相手の前で「○○したら?」と言えばアドバイスになりますが、相手がいない場所で「あの人○○したらいいのに」と言えば悪口になってしまうこともあります。批判のつもりはなくても、誤解を与えかねません。指摘をするときは「だれに言うか」、「いつ言うか」を考えることが大切です。

35

column 5 カニ

「カニ」と聞いて、なにをイメージしますか？「ハサミ」、「横歩き」、「泡」、「すぐ穴に逃げる」、「おいしい」……カニのことわざを見れば、昔の人も同じことをイメージしていたとわかります。

慌てる蟹は穴へ入れぬ

▶ あせったりあわてると、なにごとも失敗する。

敵の音や動きに気づくとすぐ穴に逃げ込むカニ。あせって穴に入れないカニを見ることはなかなかないですが、かんたんなことをあせって失敗してしまうのはよくあることですね。ちなみに「急ぐ鼠は穴に迷う」、「急いては事を仕損じる」という類句があります。

蟹の念仏

▶ 口の中でぶつぶつ言う。

カニが口のあたりから泡を吹いているのを目にしたことはありませんか？　実はこの泡は、「呼吸が苦しい」というサインです。カニは魚と同じく、えら呼吸の動物。陸に上がるとえらに残った水を使って呼吸しますが、水が少なくなると口やえらを動かします。しかし、えらには空気が入ってくるため、えらに残った少量の水と空気が混ざって、口の近くからブクブクと泡が出てくるのです。

蟹の横這い

▶ 他人には不自由そうに見えることでも、本人にはそれが楽で都合がいい。

カニの横歩きは私たちから見ると「変な歩き方」に見えますが、カニは私たちを見て「変な歩き方」と思っているかもしれないですね。

コラム column6 神

シャレや語呂合わせもけっこう多い神様のことわざ。「神」というだけで背筋がピンと伸びるので、せめて表現だけでも親しみやすくした方が心に届きやすいのかもしれません。

出雲の神より恵比寿の紙
▶ 男女の仲も、愛情よりお金である。

「出雲の神」は縁結びの神のこと。「恵比寿の紙」は、恵比寿（福の神）が描かれた明治時代の紙幣のことです。

稼ぐに追い抜く貧乏神
▶ 貧しいと、どんなに働いても貧乏からは抜け出せない。

逆に「稼ぐに追い付く貧乏なし（よく働けば貧しさに困ることはない）」ということわざもあります。

貧は世界の福の神
▶ 貧しさは努力のもととなり、やがて成功や幸せにつながる。

「貧しい方がお金にかかわる悪いことをせず、日々の暮らしに専念できて幸せである」という意味もあります。

仏ほっとけ神構うな
▶ 信仰に入れ込みすぎるな。

疫病神で敵をとる
▶ 自分がやらなくても、運よく目的が達成される。

憎く思っていた相手に疫病神が取りついて、命を奪ってくれる……本当にそんなことがあったら「運がいい」より「お祓いした方がいい」と思ってしまいそうですね。江戸時代にはよく使われていたことわざだそうです。

column7 金（かね）

「お金があれば楽しく生きられる」のか、「楽しく生きるための道具の1つがお金」なのか……人生とお金って、切っても切れないものですね。ここではお金に振りまわされる（?）人々のことわざを紹介します。

がったり三両（さんりょう）

▶ どんな小さなことでもお金がかかるから、余計なことはしない方がいい。

「『がったり』という音とともになにかが壊れると、それだけで三両のお金がかかる」ということを表しています。

金が言わせる旦那

▶ ちやほやされるのは、お金があるから。

まわりから「旦那、旦那」と言われるのは、人柄ではなくお金の力……なんだかちょっと、悲しくなりますね。「人間万事金の世の中」という類句があります。

金さえあれば飛ぶ鳥も落ちる

▶ この世は、お金さえあればなんでもできる。

金と塵は積もるほど汚い

▶ お金がたまればたまるほど欲が深くなり、けちになる。

口と財布は締めるが得

▶ おしゃべりと無駄遣いはしない方がいい。

財布の底と心の底は人に見せるな

▶ 財産と本心は他人に明かすな。

朝起き千両 夜起き百両

意味

早起きして仕事をする方が、夜に仕事をするより効率的で得。

早くはじめて早く終わる……それが理想だとわかっていても、なかなか難しいですね。ちなみに朝、太陽の光を浴びてから約15時間後にメラトニン（深い眠りを促すホルモン）の分泌が活性化するともいわれています。

column 8 カラス

カラスのことわざには、その見た目の色（黒）に関するものが多くあります。

今鳴いた烏がもう笑う
▶ さっきまで泣いていた人が、すぐに機嫌を直して笑う。

烏の頭の白くなるまで
▶ いつまでも時期が来ない。

ちなみに、カラス科の仲間は世界に約130種。その中には、青や緑のカラスもいるんですよ。

烏は百度洗っても鷺にはならぬ
▶ もって生まれたものを変えようとしても無理。

「黒いカラスをどんなに洗っても、サギのように白くはならない」ということを表しています。

烏を鷺
▶ 正しくないことを無理に正当化する。

カラス（黒）を「サギ（白）だ」と言われても困りますね。「鹿を指して馬となす」、「馬を鹿」という類句があります。

鷺と烏
▶ 正反対。

白いサギと黒いカラスを比較したことわざです。

何処の烏も黒さは変わらぬ
▶ どこへ行っても、そう変わったことはない。

権兵衛が種蒔きゃ烏がほじくる

意味

苦労してやったのに、あとから別の人がぶち壊しにしてしまう。

せっかくまいた種をカラスに食べられたら、やる気を失ってしまいますね。ちなみに、日本でよく目にするのはハシブトガラスとハシボソガラス。クチバシが太く、おでこがでっぱっていて、森や市街地に多いのがハシブトガラス。クチバシが細く、おでこがなだらかで、田んぼや川のまわりに多いのがハシボソガラスです。

亀の年を鶴が羨む

意味 欲には限りがない。

「鶴は千年 亀は万年（長寿の祝いの言葉）」ということわざから、千年も生きるツルが、万年も生きるカメをうらやむ様子を表しています。
　人は一度満足すると、次は同じことでは満足せず、もっと上を目指すようになります。「満足レベル」がどんどん上がるからです。一見、終わりのない迷路のようにも見えますが、「もっと上を」、「もっと先へ」という「欲」は「意欲」となり、「未来」という迷路の扉を開くカギとなります。

啄木鳥の子は卵から頷く

意味 早くから天性の才能を示す。

　キツツキが木をつつくのは、穴を開けて巣をつくったり、エサを探すためです。そのためクチバシは鋭くとがっています。なわばりを主張したり、メスにアピールする際も木をつついて音を鳴らします。音がよく響くよう、中が空洞の木を選んだりと、確かに賢い一面がありますね。

　ちなみに、キツツキが木をつつくスピードは1秒に約20回。また、歌人・石川啄木の「啄木」というペンネームはキツツキが由来です。

木に餅がなる

意味 話があまりにもうますぎる。

　木にもちが実るような、実際にはありえないことを表しています。「こんないい仕事があります」、「投資はもうかりますよ」、「あなたのために言ってるんです」……見ず知らずの人にそんな「おいしい話」をもちかけられたら要注意。その場で言いくるめられそうになっても、時間を置き、冷静に考えて見極めましょう。「木に餅がなる」ような話はたいてい、相手にだけ「おいしい話」なのです。

気の利いた化け物は引っ込む時分

意味 長く居すわる人、地位をゆずろうとしない人への皮肉。

「化け物でさえ、気の利いたものであれば引っ込むころだ」ということを表しています。
「居心地がいいから」といつまでも居すわったり、地位や権力をゆずろうとしなければ、だんだん人も幸せも離れてしまいます。「自分だけ楽しもう」とその場にしがみつくと、いろんなものとぶつかってしまうもの。楽しいときこそ、まわりも楽しめているか気をまわせる人になりたいですね。

茸採った山は忘れられない

意味 一度いい思いをすると、それを何度も期待してしまう。

　年を重ねれば重ねるほど、「成功した方法」、「慣れた場所」、「手に入れたもの」にこだわってしまいます。楽だからです。でも、「楽」と「楽しい」は違います。新しい「楽しい」を見つけるためには、勇気をもって今あるものを手放さなければなりません。持てる量にも限りがあります。
　「手放さないと、手に入らない」と心にとめておけば、いくつになっても「変化する勇気」を忘れずにいられるかもしれません。

コラム column 9 逆・反対

思わず「逆！逆！」とつっこみたくなるようなユニークなことわざを紹介します。

明日食う塩辛に今日から水を飲む

▶ 準備がいいように見えて、実は無駄。

明日塩辛を食べるのに、今から水を飲んでも意味がないですね。

石が流れて木の葉が沈む

▶ 逆である。反対である。

車は海へ舟は山

▶ 逆である。反対である。

意味は違いますが、「船頭多くして船山へ上る（リーダーが多すぎてまとまらず、思いがけない方向に進んでしまう）」ということわざもあります。

冬編笠に夏頭巾

▶ 逆である。反対である。

「夏にかぶるべき編笠を冬に、冬にかぶるべき頭巾を夏にかぶる」ということを表しています。冬なのに短パンでランニングの男の子、最近見なくなりましたね。

餅食ってから火にあたる

▶ 順番が逆。仕事の手順が食い違う。

「餅を焼かずに食べ、あとから自分の腹を火であぶる」ということを表しています。

コラム column10 食う

なにを食うか、どう食うか、いつ食うか……いろんな「食う」を使ったことわざを紹介します。人だけでなく動物も登場しますよ。

あの声で蜥蜴食らうか時鳥

▶ 人は見かけによらないことが多い。

江戸時代の俳句から生まれたことわざで、「時鳥」は夏の季語。「5・7・5」で読みやすいですね。その見た目や鳴き声が、夏の風物詩として短歌や俳句で詠まれていたホトトギス。カッコウに見た目が似ている鳥で、親鳥はヒナを自分で育てません。ウグイスなどの巣に卵を産み、その親鳥に育てさせるのです。鳴き声は風情があっても、やることはけっこうひどい？

鮟鱇の待ち食い

▶ なにもせずにじっと待ち、利益だけ得ようとする。

口を開けて待ち、近寄ってくる小魚を食べるアンコウの様子を表したことわざです。

色気より食い気

▶ 見た目や見栄より、中身や実益を優先する。

「異性に対する関心より食欲を優先する」ということを表しています。

食うことは今日食い言うことは明日言え

▶ 食べものはすぐ食べた方がうまいが、言うことはよく考えてから言う方がいい。

米食った犬が叩かれずに糠食った犬が叩かれる

▶ 悪いことをした者が罪を逃れ、少しだけ悪いことをした者が罰せられる。

「皿嘗めた猫が科を負う」という類句があります。「科」とは、罪や非行のことです。

食わせておいて抉と言い

意味
断れない状態にしてから頼みごとをする。

　腹いっぱい食べさせてから「さて……」と頼みごとをされたら、確かに断りにくいですね。「旨い物食わす人に油断すな」ということわざもあります。

食うた餅より心持ち

意味 相手からもらった「もの」より、その「気持ち」がうれしい。

　プレゼントや贈りものをするときは、「あの人はなにが好きだろう」、「喜んでもらえるかな」とあれこれ考えるもの。そう思うと、もらった「もの」はもちろん、その「気持ち」も大切にしたくなりますね。相手にとっても、あなたの笑顔こそが最高のプレゼントになるはず。ノーベル文学賞を受賞した作家・川端康成はこんな言葉を残しています。「一生の間に一人の人間でも幸福にすることが出来れば、自分の幸福なのだ」。

column 11 くそ

「糞」は「くそ」や「ふん」と読みます。「大便」、「うんこ」、「うんち」……いろんな呼び方があるのは、それだけ暮らしに身近な証かも?

転べば糞の上
▶ 不運が重なる。

「泣きっ面に蜂」、「踏んだり蹴ったり」、「弱り目に祟り目」など、たくさんの類句があります。

先勝ちは糞勝ち
▶ 勝負事で最初に勝っても、当てにはならない。

「先勝ちは馬鹿勝ち」ともいいます。油断しそうなときに思い出したいことわざですね。

自慢の糞は犬も食わぬ
▶ 自慢ばかりすると相手にしてもらえない。

糞は出たが別が出ない
▶ いい考えが出てこない。

「分別(いい考え)が出ない」というシャレ。「トイレの中ではいい案が浮かぶ」といわれているのが由来です。本当にいい案は、ギリギリまでふんばったときにふと出てくるものなのかも。

仏の顔に糞を塗る
▶ 大切なもの、尊いものを汚す。

口あれば京へ上る

意味 やる気があればなんでもできる。

「京」とは京都のこと。「人に質問する口さえあれば、京都にだって行ける」ということを表しています。また、「目あれば京に上る」ともいいます。
　もちろんやる気は大切ですが、「やろう」と「やる」は全然違います。多くの人は「やろう」と思うだけで、実際「やる」人はほとんどいません。「やれるわけない」、「次はやろう」……そんな迷いの先にある「やる」にたどりつけば、半分成功したようなもの。本当の失敗とは「行動しないこと」です。

口は虎 舌は剣

意味 言い方次第で相手を傷つけたり、自分を傷つけることになる。

「口は虎のような、舌は剣のような武器になる」ということを表しています。また、「口は禍の門」、「舌は禍の根」という類句があります。
　こちらの何気ない一言が、相手をいらだたせたり、けんかのきっかけになることがあります。どんな「信頼関係」も、言葉1つで「険悪な関係」に変わってしまうもの。特に、まだ会って間もない人に指摘やアドバイスをするときは、慎重に言葉を選ぶことが大切ですね。

靴を度りて足を削る

意味 順番が逆。

「クツのサイズが合わないからって足を削るなんてありえない！」とつっこみたくなりますが、日々の生活を見直してみると、意外と思い当たることがあります。たとえば「はやっている」という理由で自分に似合うかどうか確かめずに服を買ってしまったり、「やりたいこと」がたくさんあるのに「やらなければいけないこと」に忙殺されていたり……いつの間にか逆にならないよう、常に優先順位を考えて行動したいですね。

水母の行列
  くらげ ぎょう れつ

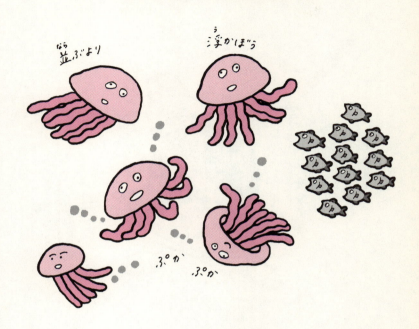

意味 しっかりと並ばない。

　クラゲには目のような役目をする「眼点」がありますが、光を感じる程度だと考えられています。きちんと並べなくても仕方がないですね。気ままで穏やかに見えるクラゲですが、触手（傘のような形のまわりにある細長い突起）に毒針をもち、小魚などのエサを見つけるとその毒針で相手を弱らせてから食べます。もちろん人が触っても刺すので注意が必要です。
　ちなみにクラゲは、日本最古の歴史書『古事記』にも登場します。

句を作るより田を作れ

筆捨てた
その手でつかむ
麦の秋

意味 生活に役立たないことに打ち込まず、仕事をしよう。

「スポーツ選手」や「芸能人」のほか、最近では「ユーチューバー」も子どもに人気の職業の1つ。夢と現実をすり合わせる必要はありますが、いちばんの理想はやっぱり「好きなことを仕事にすること」ですね。人が本気になれるのは、「好きなこと」、「得意なこと」、「好きな人」だけです。
　ちなみに、俳句は「5・7・5」の17文字が基本で、季語が必要です。短歌は「5・7・5・7・7」の31文字が基本で、季語はいりません。

けちん坊の柿の種

意味 けちな人は、どんなつまらないものでも手放すのを惜しむ。

　自分の得だけを考えていると、孤立していきます。与えないと与えてもらえないのが、世の中のルールだからです。それはものだけに限りません。仕事や作業の「コツ」を教えてあげたり、自分の「立場」や「地位」をゆずってあげたり……そうやって「相手の得」を考えていると、やがて「自分の徳」となって、人やものが集まるようになるはず。
　幸せの種はきっと、手放すことで芽生えはじめるものなのです。

結構は阿呆の内

意味 なにを言われても、なにをされても「結構」と言う人は愚か者と同じ。

　人の意見に素直に従うのは、いいことでしょうか、悪いことでしょうか?「従ってみてから考えた方がいい」という場合も多くあります。しかし、いつも言われた通りに動いていると、それがクセになってしまったり……。また、自分では「人に合わせる我慢強くて真面目な人間」だと思っていても、まわりからは「あいつは自分で考えないダメ人間」と思われていることも。「意見を言わない」のは、ときに「楽をしている」ことにもなるのです。

げらげら笑いの
どん腹立て

 意味

感情がコロコロと変わる人。

「どん」は、腹を立てることを強調する語（「どん底」、「どんづまり」などといっしょですね）。「げらげら笑いの仏頂面」という類句があります。

『幸福論』で有名なフランスの哲学者・アランはこんな言葉を残しています。「幸せだから笑うのではない。笑うから幸せになれるのだ」……できるだけネガティブな感情は相手に見せず、笑って過ごしたいですね。

喧嘩は降り物

意味 けんかはいつ身に降りかかってくるかわからないもの。

「雨などと同じく、けんかはいつ身に降りかかるかわからない」ということを表しています。

「どうしてわかってくれないんだ」、「こっちはこんなにやっているのに」……けんかの理由は星の数ほどありますが、1つ共通点があります。それは、どちらも「自分が正しい」と思っていること。相手の立場や気持ちを考えることは、けんかが降ってきたときの傘になります。

column 12 けんか

ここではけんかにまつわることわざを、「棒乳切り」や「槍持ち」など、今はあまり聞くことのない言葉とともに紹介します。

後の喧嘩 先でする
▶ あとで問題が起きないよう、最初にしっかり話し合っておく。

なにかを進めている途中で、「そもそも○○だったら」とか「最初に○○していれば」という議論はしたくないですね。

川向かいの喧嘩
▶ 自分には影響も関係もないできごと。

喧嘩過ぎての空威張り
▶ けんか中はコソコソしていたのに、終わると強がり、いばったりする。

喧嘩過ぎての棒乳切り
▶ 間に合わずに役に立たない。手遅れ。

「棒乳切り」とは、両はしが太く、中央を細く削った「棒乳切り木」のこと。「けんかが終わってから棒乳切り木を持ってきても、役に立たない」ということを表しています。

旦那の喧嘩は槍持ちから
▶ 下の者の小さな争いが、上の者の大きな争いにつながる。

「槍持ち」とは、槍を持って主人(旦那)のお供をしていた従者のこと。A君とB君のちょっとしたけんかが、いつの間にかA家とB家の争いにつながってしまったり……どんな対立も、きっかけは案外小さなことだったりするものですね。

御意見五両
堪忍十両

ご意見
ありがとうございます。
書き直します。

君の文章はていねいだけど、
平凡すぎて思いが
伝わってこないなぁ。

意味 人の意見をよく聞いて、
耐えることが大切。

「人の意見には5両の価値があり、耐え忍ぶのには10両の価値がある」
ということを表しています。また、「堪忍の忍の字が百貫する」、「堪忍五
両思案十両」という類句があります。

　人から指摘を受けると、ついつい反論したくなるもの。でも、「今までの
自分を否定する批判」と考えるより、グッとこらえて「今までの自分にない
ものを取り入れるチャンス」と考えた方が自分のためになりそうです。

声無くして人を呼ぶ

意味 徳がある人のもとには、自然と人が集まる。

「自分のため」だけを考えていると、常に自分1人で結果を出さねばなりません。逆に「人のため」のことを考えると、「自分の喜び＝他人の喜び」になり、仲間が増えます。その結果「私は○○できる」と言わなくても、仲間が「あの人は○○できる」と広めてくれて、信頼されるようになるのです。チベット仏教の最高指導者のダライ・ラマ14世もこう言っています。「他人の幸せを願うなら、思いやりなさい。自分の幸せを願うなら、思いやりなさい」。

column 13 極楽

「極楽」とは、「極楽浄土（阿弥陀仏のいる安楽な世界）」の略。念仏を唱えると阿弥陀仏によって極楽に往生できるといわれています。

極楽願わんより地獄作るな
▶ 幸せを願うより、不幸になる原因をつくるな。

極楽の入り口で念仏を売る
▶ 知り尽くしている人に、わざわざものを教える。

せっかく念仏を唱えて極楽まで来たのに、その入り口で念仏を売られても困りますね。「釈迦に説法」という類句があります。

信心過ぎて極楽通り越す
▶ なにかを信じるのも、ほどほどに。

「極楽へ行くために信仰していても、度を超えて信じすぎると極楽を通り越して不幸を招く」ということを表しています。

他人の念仏で極楽参り
▶ 他人の力で利益を得ようとしたり、義理を果たそうとする。

他人が唱えた念仏のご利益で、ちゃっかり極楽に行こうなんてずるいですね。その人たちの先に待ち受けているのは極楽か、それとも……。

仏頼んで地獄へ堕ちる
▶ 願っていたこととは逆の結果になる。

「極楽に行けるよう仏様に頼んだのに、地獄に落ちてしまう」ということを表しています。
「坊主頼んで地獄」ともいいます。

小言は言うべし
酒は買うべし

意味 間違いは叱り、
いいことは褒めるべき。

「叱るときはビシッと叱り、褒めるときは酒を買ってしっかり褒めよう」ということを表しています。小言ばかりでは相手に不満がたまり、褒めるだけでは甘やかしになる……そのバランスが難しいですね。相手や状況にもよりますが、自分が上の立場のときは、叱る量より褒める量を多めにした方がいい関係を築くことができ、相手の成長にもつながるかも。「お世辞」ではない正しい褒め方を身につければ、自分の成長にもつながります。

炬燵で河豚汁

意味 安全に気をつけながら危険をおかす矛盾した行動。

「炬燵で体をいたわりながらも、中毒の恐れがある河豚汁を食べる」ということを表しています。フグの毒は「テトロドトキシン」といい、その強さは青酸カリの約1,000倍とも……内臓のほか、フグの種によっては皮や筋肉にも含まれていて、普通に加熱してもなくなりません。ちなみにフグを漢字で「河豚」と書くのは、中国で川にすむフグが親しまれていたことや、釣ったときに「ブーブー」と鳴いて聞こえることが理由といわれています。

竿竹で星を打つ

意味 絶対に無理なことをしようとするおろかさ。

「思う場所に届かずもどかしい」という意味もあります。地球から月までの距離は約38万km、地球から太陽までの距離は約1億5,000万km、オリオン座のベテルギウス（オリオン座の左上にある赤くて明るい星）は640光年も先にあります。「1光年」とは光が1年かけて進む距離。「1光年＝約9兆4,600億km」なので640光年というと……想像もできないほどの長い竿が必要になりそうです。

酒買って尻切られる

意味 好意でやってあげたのに、逆に損をさせられる。

「酒を買ってもてなしたのに、酔っぱらった相手に尻を切られてしまう」ということを表しています。

価値観や立場が違えば、「ありがたいもの」も違います。お尻を切られてしまうのは、相手に悪気があるわけではなく、その恩が伝わっていないからかも。そんなときは無理にアピールしたり恨みつづけるより、「仕方がない」、「縁がなかった」と割り切る方がお尻の傷も早く治りそうです。

酒の酔い本性違わず

意味

ひどく酔っていても、本性を忘れることはない。

お酒を飲むとアルコールが肝臓などで分解され、「アセトアルデヒド」という有害物質が発生します。これが頭痛や吐き気の原因です。日本人はこの「アセトアルデヒド」を分解する酵素の力が弱い人が多く、アフリカ人やヨーロッパ人よりお酒に弱い傾向にあります。もちろん日本人にもお酒に強い人はたくさんいますが、本性を忘れるほどの飲みすぎにはご注意を……。

column 14 酒

ことわざを見ると、つくづく「昔もお酒で失敗する人は多かったんだな」と感じます。

いやいや三杯
▶ 口先だけ遠慮したり、辞退する。

お酒をすすめられたとき、「いやいや」と口では遠慮しながら何杯も飲んでいく様子を表しています。飲み屋さんで見ることも多い光景ですね。

親の意見と冷や酒は後で利く
▶ 親の意見はあとになってから身にしみる。

冷や酒が、飲んでしばらく経ってからきいてくることにたとえています。「孝行のしたい時分に親はなし(『親孝行をしたい』と思ったときは、もう親はこの世にいない)」とならないよう、親の意見に耳を傾ける素直さを、早くからもっておきたいですね。

海中より盃中に溺死する者多し
▶ 海でおぼれ死ぬ人より、酒におぼれて死ぬ人の方が多い。

酒は飲むべし飲むべからず
▶ 酒は適量なら飲むといいが、飲みすぎると失敗するから気をつけよう。

上戸に餅 下戸に酒
▶ せっかくの好意が見当違いで、ありがたくない。

「上戸」は酒飲み、「下戸」はお酒が飲めない人のことです。

友と酒とは古いほど良い

▶ 昔からの友人ほど信頼できるし、長く寝かせた酒ほど味わい深い。

「時間の長さ＝信頼度の高さ」ということですね。伝統のある会社が信頼されるのも、同じことかもしれません。

飲む者は飲んで通る

▶ 酒飲みは酒代がかかり大変そうに見えるが、それなりに暮らしていける。

人酒を飲む酒酒を飲む酒人を飲む

▶ 最初は人が酒を飲んでいるが、最後は人が酒に飲まれてしまう。

「お酒はほどほどにしよう」という戒めです。

酔いどれ怪我せず

▶ 無心でなにかをやっているときは、大きな失敗はしない。

「酔っぱらって足元がおぼつかない人でも、案外たいしたけがはしない」ということを表しています。でも実際の世の中では、酔っぱらって危ない目にあっている人もちらほらと……「酔いどれ完治せず」にならないよう気をつけたいですね。

札束で面を張る

意味 金の力で思い通りにしようとする。

日本でお札が流通しはじめたのは1600年ごろ。伊勢商人の間で使われたのが最初と考えられています。日本全国で使えるお札（太政官札）ができたのは、明治時代になってからです。

これまでに、神功皇后、板垣退助、菅原道真、藤原鎌足、日本武尊、伊藤博文など、そうそうたる人物がお札の肖像に選ばれています。ちなみにお札は1枚約1g。100万円で叩かれたらけっこうな痛みになりそうです。

猿が仏を笑う

意味 浅はかな人が、知恵のある人の偉大さをわからずあざ笑う。

　すごい才能をもっている人や、夢に向かっている人は、まわりから浮いてしまうこともあるはず。ときには「変なやつだ」、「絶対成功しないだろう」と笑われることもあるでしょう。でも、最後に結果を出す人はみんな、「笑う側」ではなく「笑われる側」を経験しています。「笑われたとき」は、「自分のやっていることが実りはじめたとき」かもしれません。作家・太宰治もこんな言葉を残しています。「笑われて、笑われて、つよくなる」。

column 15 サル

サルといえば「猿も木から落ちる(名人でもときには失敗する)」、「犬猿の仲(とても仲が悪い)」などが有名ですが、ここではあまりなじみのないものを紹介します。

木から落ちた猿
▶ 頼りにしていたものがなくなり、どうしていいかわからない状態。

「陸に上がった河童」、「水を離れた魚」という類句があります。「猿も木から落ちる」のだから、「ミスをしてもなんとかなる」、「失敗してからがスタート」ぐらいの気持ちで木のてっぺんまで登りつづけたいですね。

どしーん

毛のない猿
▶ 情や良心をもっていない人でなし。

「毛があるかないかが、人と猿の違いである」という考えが由来です。「毛のない犬」ともいいます。

猿の尻笑い
▶ 自分の欠点には目もくれず、他人の欠点をあざ笑う。

お尻の赤いサルが、ほかのサルの赤いお尻を見て笑う姿を表しています。お尻の赤さに多少の差はあっても、自分も相手もお尻が赤い……つまり「五十歩百歩(少しの差はあっても、たいして違わない)」ですね。

お尻が赤いなんておかしー

自分だって

74

三歳の翁
百歳の童子

意味 若くてしっかりしている人もいれば、年老いても分別がつかない人もいる。

年を重ねると他人に怒られることも減り、やりたいことをやったり、思っていることを言いやすくなります。でも「みんなは〇〇だけど、私は△△」、「人より〇〇でいたい」と思ったときは、その「自分ルール」が「自分勝手」になっていないか振り返ってみるといいかも。自分では「個性」と思っていても、まわりからは「わがまま」と思われていることがあるからです。
人の老化はきっと、体ではなく心の「こり固まり」からはじまります。

75

敷居を跨げば七人の敵あり

意味 男が世に出れば、多くのライバルがまわりにいるもの。

「男が家を出ると、七人の敵が待ち構えているから用心しておこう」ということを表しています。

スポーツのように勝敗がはっきりつかなくても、受験、就活、出世、収入の差……日々の暮らしには男女関係なく勝ち負けを感じるシーンがいくつもあります。全部に勝とうと思わず、「3割ぐらい勝てばいい」という気持ちでいると、少しは楽かも？ プロ野球だって、3割打てれば強打者です。

地獄にも知る人

意味 どんなに遠いところでも、
知り合いには出会うもの。

「冥土にも知る人」ともいいます。「地獄」とは、生前に罪を犯した人が死んでから、つらい苦痛を味わう場所。「冥土」とは、死んだ人の魂が行く場所（あの世）のことです。
　そんなに仲よくもないのに、いろんな場所で何度も偶然に出会う人はいませんか？　その人とは、趣味、考え方、暮らし方が自分と似ている可能性も。じっくり話してみると、意外な共通点が見つかるかもしれません。

死に馬が屁をこく

意味 ありえない。

「ありえないことが起こる」という意味もあります。
　ウマはとても感情表現が豊かな動物。なにかをしてほしいときは前足で地面をひっかいたり、怒っているときは両耳を後ろに伏せたり……ときにはゴロンと転がって背中を地面にすりつけることも。これは背中をかいたり、汚れや虫をとるためだそうです。そんな活発なウマでも、死んでからのおならはありえませんね。ちなみにバクやサイもウマ目の仲間です。

自慢は知恵の行き止まり

意味 自慢するようになると成長が止まる。

　結果に対して満足することはとても大切ですが、満足は慢心に変わりやすいもの。童話『ウサギとカメ』のウサギのように、「人よりできるから」といって慢心していると、少しずつ確実に成長している人に追い抜かれてしまいます。「満ち足りている人」より、「足りない人」の方が、満足を目指して成長できるのかもしれませんね。
　「高慢は出世の行き止まり」という類句があります。

column 16 シャレ

「シャレ（洒落）」とは、ある言葉をもじったり、似た音の言葉にかけた表現。語呂のいい言葉は、ずっと頭に残ったり思わず言いたくなったりしますね。

家柄より芋茎

▶ 家柄がよくなくても、裕福な暮らしができていればその方がいい。

「いえがら」と「いもがら」をかけています。「芋茎」とは、里芋の茎を干したもの。「家柄のよさより、食べられる芋茎の方がいい」ということを表しています。家柄を自慢する人をあざけることわざです。

いらぬお世話の蒲焼

▶ 必要のないおせっかい。

「世話を焼く」と「蒲焼」をかけています。

恐れ入谷の鬼子母神

▶「恐れ入りました」をシャレで言ったもの。

「鬼子母神」は、東京都台東区の入谷にまつられている出産・育児の神。「きしぼじん」とも読みます。

学者むしゃくしゃ

▶ 学者は気難しく、わかりづらいことばかり言う。

「がくしゃ」と「むしゃくしゃ」をかけたことわざ。早口で何度も言うと楽しい気分になれます。

昔の某 今の金貸

▶ 昔は立派だった人が、今はいやしい身分になっている。

「なにがし」と「かねかし」をかけたことわざです。「昔は由緒ある身分だったのに、今は金貸になってしまった」ということを表しています。

出家の念仏嫌い

意味 いちばん大切な部分が嫌い。

　たとえば就活で会社を選ぶとき、「その会社が好きなのか」、「その作業が好きなのか」という問題があります。仕事とは、いわば作業の繰り返し。入りたい会社に入社できれば、それがモチベーションにもなりますが、「どこに入るか」より「なにをやるか（作業）」を考えて仕事を選ぶ方が、充実した時間になるのかもしれません。
　「酒屋の下戸」という類句があります（下戸：お酒が飲めない人）。

尻が来る

意味 責任を負わされる。苦情を持ち込まれる。

「尻」は体にある「お尻」のほかに「後ろの方」、「末端」という意味もあり、このことわざも「最後に他人の尻ぬぐいをする」ということを表しています。

上司や後輩のミス、子どもの失敗……自分のせいでなくても、後始末をしなければいけない理不尽なことがときどきあります。「なんで自分だけ……」と思ってしまいそうですが、大小あれどみんな同じような経験をしているはず。長い目で見れば「自分だけ」ではないのです。

コラム column 17 尻

「尻」という1文字が入るだけで、なんだか愉快なことわざになりますね。

尻から抜ける

▶ 学んだり、見たり、聞いたりしたことをすぐに忘れる。

尻毛を抜く

▶ 油断につけこんで、ひどいことをする。

「尻毛を抜く」場面を想像すると……かなりひどい仕打ちですね。

尻に帆かける

▶ あわてて逃げる。

帆を張ってスピードを上げる船にたとえたことわざです。

尻に目薬

▶ 見当違いである。無駄である。

喜んで尻餅をつく

▶ 大喜びして有頂天になると失敗する。

column 18 人名

ことわざの中に突然人名が登場してびっくりすることがあります。その多くは、過去に実在した人物の特徴を表していますが、人名にたいした意味がないことわざもあります（入れると語感がよくなるんですね）。

板倉殿の冷え炬燵

▶ 非の打ちどころがない。

「板倉殿」とは、板倉重宗のこと。江戸幕府の第2代将軍・徳川秀忠に仕え、京都所司代を務めた彼の働きぶりは非の打ちどころがなかったそうです。そのため、当時は「火のない冷え炬燵」を「板倉殿」と呼んでいました。

右次左次物言わず

▶ あれこれ文句を言わない。

6世紀の中ごろ、百済から来た2人の僧が流罪になり、「右次郎」、「左次郎」と名づけられて牢屋に入れられてしまいました。そんな扱いを受けながらも、なにも言わずに耐えた2人が由来といわれています。

遅かりし由良之助

▶ 待ちに待っていた。

「待っていたが間に合わない」という意味もあります。「由良之助」とは、人形浄瑠璃や歌舞伎の「仮名手本忠臣蔵」に登場する「大星由良之助（大石内蔵助）」のこと。塩谷判官（浅野内匠頭）が切腹した直後に、由良之助がかけつける場面を表しています。

知らぬ顔の半兵衛

▶ 知っているくせに知らないふりをする。

「知らぬ顔」だけでも十分通じるのですが、「半兵衛」という人名を最後につけるだけで、「知らぬ顔」をする人が滑稽に思えてきますね。

次郎にも太郎にも足りぬ

▶ どっちつかずで中途半端。

化け物と義弘は見たことがない

▶ 見たことがない。

「義弘」とは、鎌倉時代の刀をつくる職人・郷義弘がつくった刀のこと。「『化け物』も『義弘』も、あるといわれながら見た人はいない」ということを表しています。

平気の平左

▶ ものともしない。平気である。

「平気の平左衛門」ともいいます。「知らぬ顔の半兵衛」と同じく、最後に人名をつけて調子よく表現したことわざです。

弁慶の立ち往生

▶ 進むことも退くこともできない。

「弁慶」とは、源義経の家来である武蔵坊弁慶のこと。「弁慶が義経をかばって矢を全身に受けて死んだ（往生した）」という伝説が由来です。

面面の楊貴妃

▶ 男はみんな、恋人や妻を美しいと思っている。

「面面」は「1人1人」という意味。「楊貴妃」とは、唐（中国）の玄宗皇帝の愛人で、世界三大美女の1人に数えられています。

やけのやん八

▶ やけくそになる。

「どうにでもなれ」という気持ちを、最後に人名をつけておもしろおかしく表しています。

拗者の苦笑い
（すねもの）（にがわら）

意味

ひねくれ者にも、上には上がいる。

「拗者」とは、ひねくれ者のこと。「自分ってひねくれてるなぁ」と思うことがあっても、さらにひねくれた人を見ると、思わず笑ってしまいますね。

　発明家・エジソンは、3ヶ月で小学校を中退しています。先生を質問攻めにして問題児扱いをされたからです。しかし、教師だった母に勉強を教わりながら家の地下室で実験にのめり込んだ彼は、やがて約1,300もの特許を取る「発明王」となりました。「ひねくれた部分」は、ときに「大きな個性」となるのです。

滑り道とお経は早い方がよい

意味 早い方が喜ばれる。

「滑りやすいぬかるんだ道は、人より先に歩く方がよく、お経は退屈だから早く終わる方がありがたい」ということを表しています。

形式的なスピーチ、ダラダラつづく会話、交通渋滞……「早く終わらないかな」と思えば思うほど、なかなか終わらないもの。人は時間を気にする機会が多いと、時間が長く感じられるそうです。逆に楽しい時間があっという間に過ぎてしまうのは、時間を気にせずにいるからなんですね。

せかせか貧乏
ゆっくり長者

意味 一生懸命働いても、
裕福になれるとは限らない。

　すべてに100%の力を注いでいると、体調を崩したり途中でやめたくなってしまいます。「うまく生きている人」は、「力の入れどころがうまい人」。逆にいえば「力の抜きどころ」を知っていると、毎日にメリハリがつき、より暮らしやすくなるはず。優先順位の高い作業に集中したり、仕事が少ない日は早く帰ったり、忙しくなる前にパッと遊びに行ったり……結果を出すためには「手を抜く、気を抜く」勇気も必要です。

銭は馬鹿かくし

意味 お金があれば、
愚か者でもまわりから大切にされる。

　お金だけでなく、「会社」や「肩書き」にも注意が必要です。たとえば会社で結果を出したとき、「すべて自分の力だけでやった」と勘違いしてしまうかもしれません。でも、まわりの人は「あなたの力」とは思っておらず、「あなたの会社の力」、「まわりのサポートの力」と考えているかも。「会社」や「肩書き」がなくてもどれだけできるかが本当の実力。「組織の人」としてではなく、「1人の人」として信用されたいですね。

草履履き際で仕損じる

意味 最後に失敗して、今までの努力を無駄にしてしまう。

　どんなにすごい記録を達成した有名人でも、最後に悪いことをすると「記録を達成した人」ではなく「悪いことをした人」として記憶に残ってしまいます。積み重ねるのにどんなに長い時間がかかっても、それが崩れるのは一瞬です。フランスの詩人であるビクトル・ユゴーもこんな言葉を残しています。「第一歩はなんでもない。困難なのは最後の一歩だ」……世の中は「終わりよければすべてよし」かも？

底に底あり

意味 表に見えていることだけでは、真実や本当の姿はわからない。

　地面の底（地球の中心）は「核」と呼ばれ、鉄やニッケルなどの金属でできています。地表から「核」の中心までは約6,400km。内側にいくほど温度が上がり、約5,500℃になるところも。しかも「核」のまわりにある「マントル（岩石）」はゆっくり動いています……地面の下は別世界ですね。
　「外と内が違う」、「日々少しずつ変わる」のは人も同じです。その場その場で真摯に向き合うことが、「真実」へのいちばんの近道になるはず。

大海を手で塞ぐ

意味 できるはずがない。

地球の表面の約70%は海。地球にある水の約97%は海水といわれています。その量なんと13億5,000万km³……想像もつかないですね。海水の3.5%は塩分ですが、この塩を取り出して地球をおおうと、約88mもの厚さになるそうです。

ちなみに世界一深い海はマリアナ海溝（グアム島周辺）にあり、水深は約1万1,000m……手でふさぐなんて夢のまた夢の話です。

大根を正宗で切る

意味 おおげさなことをする。

「有能な人につまらない仕事をさせる」という意味もあります。
「正宗」とは、鎌倉時代を代表する刀工・岡崎正宗がつくった刀のこと。
彼は刀をつくる際、冷たい水をかぶって体を清めてから、白装束を着て仕事場に入っていたそうです。彼の刀で現存しているものの多くは、国宝や重要文化財に指定されています。大根を切るのに「正宗」のような名刀は必要ないですね。

鷹のない国では雀が鷹をする

意味 強い者がいないところでは、弱い者がいばる。

約1万種いる鳥の中で、スズメ目は約6,000種！ カラス（スズメ目カラス科）、ツバメ（スズメ目ツバメ科）、ウグイス（スズメ目ウグイス科）などもその仲間です。一般的によく目にするスズメは、スズメ目スズメ科のスズメ（まぎらわしいですね）。人が住む場所で暮らす鳥で、日本では人が近づくと逃げてしまいますが、海外にはスズメが近寄ってくる地域もあります。「鳥なき里の蝙蝠」という類句があります。

叩かれた夜は寝やすい

意味 人に害を加えて後悔するより、人に害を加えられた方が気が楽。

「あんなことをしなければよかった」、「あのときに戻りたい」……人を傷つけた後悔は、こびりついた汚れのように心の奥底にずっと残ってしまいます。どんなに忘れようとしても、「自分が悪い」という事実は変わらないからです。一方、傷つけられた方は、そのとき落ち込んだとしても、心のもちようで傷はすぐに治ります。「自分は悪くない」という事実があるからです。「他人を傷つければ自分が傷つく」と心に刻んでおきたいですね。

誑(たら)しが誑(たら)しに誑(たら)される

意味

人をだまそうとして、逆にだまされる。

「誑(たら)し」とは、人をたぶらかす者のことです。「化(ば)かす化(ば)かすが化(ば)かされる」、「狸(たぬき)が人に化(ば)かされる」という類句があります。

自分のまわりを見まわすと、自分とどこか共通点のある友人が多くはないでしょうか? ほんわかした人のまわりには、同じ雰囲気の人が集まり、元気な人のまわりには元気な人が自然と集まってくるもの。「だまそう」と思っていると、同じような人と出会うことが多くなってしまうのかも……。

達磨の目を
灰汁で洗う

意味 とてもはっきりする。

種子島にポルトガル人がやってきた1500年代、鉄砲や金平糖などといっしょに、日本に初めて石けんが持ち込まれたといわれています。しかしつくり方がわからず、一般に普及したのは明治時代になってから。それまでは、汚れを落とすのは「灰汁」などが使われていました。

ここでいう「灰汁」とは、植物を焼いた灰を水に浸したときに出る上ずみ液。洗剤や漂白剤などに使われます。

column 19 団子

穀物の粉やひき肉を丸めたものを「団子」といいます。その丸っこい形からか、なんとなく平和で優しい印象がありますね。

案じるより団子汁

▶ なにごとも、そんなに心配しなくていい。

どんなことも、あれこれ心配するより団子汁でも食べて気楽に待っていたいですね。「案じるより芋汁」、「案じるより豆腐汁」ともいいます。

団子隠そうより跡隠せ

▶ なにかを隠しても、思わぬところからばれてしまう。

「念には念を入れよう」という戒めです。団子だけを隠しても、お皿や串が残っていれば食べたことがばれてしまいますからね。

団子に目鼻

▶ 丸顔のたとえ。

茶碗を投げば綿で抱えよ

意味 相手が強く出てきたら、こちらはやんわり受け止めよう。

硬いもの同士がぶつかると、どちらも割れてしまいます。人も同じように、怒りをぶつけ合うとさらにエスカレートしてしまい、結果的に相手も自分も傷ついてしまうことに……。怒りをやんわり受け止めれば、やがて相手も冷静になり、それ以上怒りつづけることもあまりないはず。その場の反発心に任せて怒り返すより、グッとこらえて優しく包む。争いごとは「勝つ」より「ゆずる」方が、後悔なく過ごせます。

ちょっと来いに油断すな

意味 「ちょっと来い」と言われて「ちょっと」で済むことはないから気をつけよう。

「ちょっと来い」という言葉を聞くと、「これから長い話をされる」、「つらいことを依頼される」など、ネガティブなことが起きそうな予感がしますね。「ちょっと」は本来「数や程度がわずかで問題にするほどでもないこと」という意味。できれば気軽に「ちょっと来い」なんて言わないようにしたいものです。

ちなみに漢字では「一寸」や「鳥渡」と書きます。

搗き臼で茶漬け

意味 小さいことをするのに、大きいものは適さない。

「大は小を兼ねる（大きいものは小さいものの代わりにも使える）」という反対の意味のことわざがあります。

お茶漬けのルーツは、平安時代の『源氏物語』にも出てくる「水飯」や、『枕草子』にも出てくる「湯漬け」など、ごはんに水や湯をかけた食事だと考えられています。お茶が広まったのは室町時代後半から。江戸時代にはお茶漬けも庶民にとって一般的なものとなりました。

月夜の蟹
つき よ   かに

意味 中身がからっぽの人。

月夜にとれるカニは、身が少ないとされていたことが由来です。
「おいしいカニ」として有名なタラバガニが、カニではないことをご存知ですか？ カニの多くは、はさみの脚が2本、歩く脚が8本。でもタラバガニは、はさみの脚は2本ですが、歩く脚が6本。これは、タラバガニがヤドカリの仲間だからです。ヤドカリは歩く脚のうち、4本が退化して短くなっています。タラバガニはそのうちの2本がさらに退化して腹に隠れているのです。

土仏の水遊び

意味 無茶をして自分で自分の身を滅ぼす。

　土でつくられた仏が水遊びをしたら溶けてしまいますね。
　できないことを「できる」と言って自分を追い込んでしまったり、その場の雰囲気に流されて危険なことだと気づかずにけがをしてしまったり……リスクを負うドキドキ感が楽しいこともありますが、「負ってもいいリスク」と「避けるべきリスク」があることを頭に入れておきたいですね。この土仏みたいに、いつの間にか自分で自分を傷つけてしまわないように……。

面の皮の千枚張り

意味 厚かましい。恥知らず。

　恥を恐れずチャレンジするのはいいことですが、できるだけまわりに迷惑はかけたくないですね。その気持ちがあるかどうかが、「恥知らず」と「怖いもの知らず」の違いかもしれません。
　ちなみに人間の皮膚の厚さは、いちばん外側の表皮が0.2mmほど。水分を保ったり感染から体を守る役目を果たしています。赤ちゃんの表皮はその半分ほど（約0.1mm）の厚さしかなく、大人より肌が弱いです。

出かねる星が入りかねる

意味 人前に出たがらない人も、その場に慣れるとなかなか帰ろうとしない。

「遅くに空に現れた星は、ほかの星が見えなくなる明け方になっても、空に残っている」ということを表しています。

星は昼間も輝いています。ただ、太陽が明るすぎて、見えないだけなのです。太陽の明るさは約−27等級。満月は約−13等級、金星は約−4等級。1等級下がるにつれて2.5倍ずつ明るくなるので……太陽の明るさは圧倒的です。それでもときどき、昼間に月や金星が見えることもあります。

寺の隣にも鬼が棲む

意味 世の中は、いい人と悪い人が交じり合っている。

　人間関係に悩んだとき、「もっとまわりがいい人だったら……」と思ってしまうことがあるかもしれません。でも、どこにも相性の悪い人はいるもの。いい人ばかりの環境なんてありません。人（鬼）の考え方や環境を変えるより、自分の考え方を変えた方が未来はすぐに変わるはず。『車輪の下』などでノーベル文学賞を受賞したドイツの作家のヘルマン・ヘッセも、こんな言葉を残しています。「世界を変えるのは、自分を変えることから」。

天知る地知る
我知る人知る

意味 不正や悪い行動はいつか必ずばれる。

昔、中国の政治家・楊震が任地へ向かう途中、通りかかった県の役人から夜中に賄賂を渡されそうになりました。「だれも知る者はいないから、どうかお受け取りを」と言う役人に対し、「天の神も地の神も私もあなたも知っている。どうして知る者がいないと言えるのか」と受け取りを拒む楊震。役人は恥ずかしさのあまり引き下がったそうです。

不正を「恥」だと思う心を失ったとき、腐敗がはじまります。

column20 当然

文字だけ読むと「当然」だと思うことわざでも、意味を読むと奥深いものがあります。

雨の降る日は天気が悪い
▶ 当然である。わかりきっている。

「犬が西向きゃ尾は東」という類句があります。ちなみに年間平均降水量のギネス記録は、インド北東部にあるマウシンラムという村の1万1,873mm。雨の多い屋久島（鹿児島県）でも年間平均降水量が約4,500mm（1981年〜2010年の統計）……なんと2倍以上です。

東に近ければ西に遠い
▶ どちらにも偏らない立場をとるのは難しい。

「あちら立てればこちらが立たぬ」という類句があります。はっきり自分の意見を言うと、賛成してくれる人もいれば、反対する人も必ずいます。でも、「満場一致」より「賛否両論」の方が、みんなが関心をもっている証なのかもしれません。

耳は聞き役 目は見役
▶ 余計なおせっかいはやめよう。

「聞くのは『耳』、見るのは『目』……と役割は分担されている」ということを表しています。他人のことについつい口を出したくなることもありますが、そんなときほど自分が自分の役目をしっかり果たせているか見直す習慣を身につけたいですね。

蒔かぬ種は生えぬ

意味

原因がなければ結果は生まれない。

「努力すれば100%成功する」わけではありません。でも、挑戦すればするほど、成功する確率は上げられます。「発明王」と呼ばれるエジソンは、白熱電球を発明するとき、電気を流すフィラメントの素材として、植物だけでも6,000種類近く試したそうです。「挑戦の数」は「成功の種」。どんどん種をまきましょう。

道楽息子に妹の意見

お兄ちゃん勉強したら？
明日テストでしょ？

大丈夫　大丈夫

POTATO

意味 まったく効果がない。

親の意見を聞かない息子に、妹が意見しても効果はないですね。

1つのことをつづけている人には、2つのタイプがいます。人の意見を取り入れて少しずつ変化・成長をつづける「粘り強い人」と、人の意見を聞かずに同じ毎日をくり返している「わがままで頑固な人」。まわりの人が「協力者」になるか「邪魔者」になるかは、自分の心がけ次第なのかもしれません。

年が薬

意味 **年を重ねると、思慮分別がつくようになる。**

　初めて見る雪、初めての遠足、初めての恋、初めてのお酒……年を重ねれば重ねるほど「初」が減りますね。そして、どんなことも今までの経験からある程度こなせるようになり、「安全な道」、「失敗しない道」が見えるようになります。でも、いつもその道を歩いていては飽きてしまうはず。江戸時代に伊能忠敬が日本地図作成のために測量をはじめたのは、なんと55歳。彼のようにいくつになっても「初」にチャレンジしたいですね。

column 21
どっち？

同じ言葉を使っていても、違う意味や逆の意味のことわざがあります。お酒のことわざが少し多いですが……あなたはどっち派？

酒は百毒の長
▶ 酒はどんな毒よりも体に悪い。

酒は百薬の長
▶ 酒は適量を飲めば、どんな薬よりも体によい。

毒か薬かは、「適量」がポイントですね。

只より高い物はない
▶ ただでもらうと、お返しをしたり気を使うため、結局高い代償を払う。

只より安い物はない
▶ ただで手に入れたものがいちばん安い。

ものをくれた相手がどんな気持ちでいるのか……見返りを期待しているのか、本当の好意でくれたのかにもよりますね。

飲まぬ酒には酔わぬ
▶ 原因がないと結果は生まれない。

飲まぬ酒に酔う
▶ 原因に心当たりがないのに、不本意な結果が生まれる。

「酔っぱらいに氷水を『水割りだ』と言って飲ませたらさらに酔った」なんて話も聞きますが……仕事や家事でも「飲まぬ酒に酔う」ようなシーンはよくありますね。

吐いた唾は呑めぬ
▶ 一度言ったことは取り消せないから、言葉には注意しよう。

吐いた唾を呑む
▶ 一度言ったことを、あとでくつがえす。

言ったことを覆すと、普通は「約束を守らない人」、「優柔不断な人」として嫌われます。ただ、そんな人の中には、まわりの意見を聞いて考えを変えた「頭のやわらかい人」もいるかもしれません。

話し上手の聞き下手
▶ 話がうまい人は自分ばかり話して、人の話を聞かない。

話し上手は聞き上手
▶ 話がうまい人は、人の話を聞くのもうまい。

「話し上手の聞き下手」は、「しゃべるのがうまい人」、「話し上手は聞き上手」は「コミュニケーションがうまい人」ということですね。

泥鰌の地団駄
  どじょう じだんだ

意味 自分の弱さをわきまえず、
       強い者に逆らう。

「鰓の歯軋り」という類句があります。「鰓」とは、カタクチイワシを干した食べものです。

　ドジョウは小さな川、沼、水田にすむ魚。10本あるヒゲはエサを探すセンサーの役目を果たし、藻やカの幼虫などを食べて暮らしています。天敵は鳥やタガメなど。体をくねらせて泥の中に逃げたり、ヌルヌルとした体の粘液によって相手の攻撃をかわします。

隣は火事でも先ず一服

意味 どんなに忙しくても、休みは必要。

「親が死んでも食休み（親が死ぬようなときも、食後の休みはとるべきだ）」という類句があります。
　たとえば急な仕事で2日後に資料を提出しなければいけなくなったとき、「終わらない！」といって徹夜をすると、次の日は眠くて仕事にならないことも。それなら帰って休み、次の日に少し早く来た方が効率的です。いい結果を出すためにも休息は必要ですね（火事の場合は別ですが……）。

飛ぶ鳥の献立

意味 手に入れていないのに、あれこれ計画を立てる。

「捕らぬ狸の皮算用」という類句があります。
　みんなで集まったときに、「将来〇〇になる」などと盛り上がることがあります。その夢が「空想」で終わるか「現実」となるかは、具体的に計画を立てて動いているかどうかの違い。「じゃあそのためになにをしているの?」と聞かれて、答えにつまるようではいけません。「本気で夢を追っている人」は、「すでに行動している人」です。

取(と)らずの大関(おおぜき)

意味 自分(じぶん)の力(ちから)を見(み)せずに、偉(えら)そうにふるまう人(ひと)。

　自分(じぶん)で相撲(すもう)を取(と)らない人(ひと)が強(つよ)さをアピールしても、信(しん)じられませんね。どんなことも「なにを言(い)うか」はもちろん、「だれが言(い)うか」によって重(おも)みが違(ちが)います。説得力(せっとくりょく)のある人(ひと)になるためには、それだけ経験(けいけん)を積(つ)んだり、結果(けっか)を残(のこ)したり、まわりとよく話(はな)したり……行動(こうどう)に移(うつ)すことが必要(ひつよう)です。
　ちなみに、大相撲(おおずもう)の「大関(おおぜき)」とは力士(りきし)の階級(かいきゅう)の1つで、横綱(よこづな)の下(した)。明治時代(めいじじだい)に横綱(よこづな)の階級(かいきゅう)が定(さだ)められるまでは、大関(おおぜき)がいちばん上(うえ)の階級(かいきゅう)でした。

虎に翼
とら　　つばさ

意味 強い者に、さらに強い力が加わる。

　ライオンやヒョウなどと同じくネコの仲間であるトラ。体の黒い縞模様は、敵を襲う前に茂みに身を隠す際、体の輪郭をぼかす効果があるそうです。アジアの林や草むらにすむ、ネコの仲間でも最大の動物で、アジアでは力や権威の象徴として知られています。凶暴なイメージがありますが、狩りの成功率は意外に低く、10回に1回ほどだそうです。
　ちなみに「鬼に金棒」という類句があります。

鳴かぬ蛍が身を焦がす

言葉より態度で示すタイプです

意味 口に出さない人の方が思いは強い。

「鳴く蝉よりも鳴かぬ蛍が身を焦がす」ともいい、「蝉は鳴いて思いを発散するが、蛍は鳴かずに心に秘めているので、その思いによって体が燃えるように光る」ということを表しています。

実際のホタルはおなかで化学反応を起こして光っていて、熱くはなりません。日本で有名なゲンジボタルやヘイケボタルは、卵も光ります。ただ、日本にいる約50種のホタルのうち、成虫がよく光るのは15種だけです。

夏歌う者は冬泣く

意味 働くときに働かないと、あとで生活に困る。

　夏に働かないキリギリスは冬に食べものがなくて困り、夏にコツコツとエサを蓄えたアリは冬も食べもので困ることなく暮らす……イソップ物語の「アリとキリギリス」と同じですね。アリはもしかすると、冬に「あぁよかった」と幸せにひたる喜びを知っていたのかもしれません。テスト前になってあわてて暗記したりノートを借りるタイプの人は、少しずつ積み重ねて結果を出す喜びを一度経験すると、キリギリスみたいに困らずにすむかも？

海鼠の油揚げを食う

意味 口がよくまわる。

「ただでさえヌルヌルしているナマコなのに、油で揚げられたらより口が滑る」ということを表しています。

　普段はやわらかいナマコですが、刺激を与えると硬くなります。身を守るためです。また、強い刺激があると腸を外に出して、それを身代わりにして逃げていきます。ちなみに吐き出した腸は再生します。やわらかくなったり硬くなったり腸を出したり……見た目によらず超多才な生きものです。

蛞蝓の江戸行き
   なめくじ　　え ど ゆ

意味 ものごとがなかなか進まない。
                            すす

「蛞蝓の京詣り」ともいいます。ゆっくりと動くナメクジが江戸や京都へ行
 なめくじ きょうまい   うご   え ど きょうと い
こうとしていたら、先が思いやられますね。体の約90％が水分のナメクジ。
           さき おも   からだ やく   すいぶん
カタツムリと同じ仲間で、殻が退化したため、常にネバネバした液を出し
       おな なかま から たいか   つね   えき だ
て乾きを防いでいます。ちなみにナメクジに塩をかけると小さくなるのは、
 かわ ふせ   しお   ちい
塩がナメクジの水分を吸ってしまうから。「蛞蝓に塩（元気がない。苦手
しお   すいぶん す   なめくじ しお げんき   にがて
で縮み上がってしまう）」ということわざもあります。
 ちぢ あ

122

なんでも来いに名人なし

 意味

なんでも器用に
こなせる人は、
どれも中途半端で
名人ではない。

「多芸は無芸」という類句があります。

このことわざを覆す偉人がレオナルド・ダ・ビンチ。彼は15歳で絵を学びはじめ、彼の師匠はそのうまさに驚き、絵をやめてしまったそうです。レオナルドは絵だけでなく、彫刻、建築、音楽、数学、科学、解剖学、植物学などの分野で活躍した万能の人。「1つを極めるとほかにも応用できる」ということかもしれません。逆に考えると、いろいろ手広くやればその中から1つを極めることができるかも?

握れば拳
開けば掌

意味 ものごとは気持ちの もち方次第で変わる。

　同じことが起きても、人によって感じ方が違います。たとえばコンビニの店員さんがモタモタしていたとして、「遅いな」とイライラするか、「たいへんそうだな」とゆっくり待つか……その違いは相手に「共感」しているかどうか。相手の状況を自分のことのように考えられると、握った拳は自然と開かれ、掌になるのかも。イギリスの劇作家・シェイクスピアもこんな言葉を残しています。「共感は全世界の人間を親族にする」。

人参で行水
にんじん　　　　ぎょうずい

ふぅ…回復
かいふく

意味 最高の治療をする。
さいこう　ちりょう

「高価な朝鮮人参を浴びるほど飲む」ということを表しています。
こうか　ちょうせんにんじん　あ　　　　　　　　の　　　　　　　　　あらわ

　健康維持や免疫を強くする漢方薬として古くから使われている朝鮮
けんこういじ　めんえき　つよ　　　かんぽうやく　　　　　ふる　　　つか　　　　　　　　ちょうせん

人参。日本でも長野県、福島県、島根県などで栽培されています。
にんじん　にほん　　　ながのけん　ふくしまけん　しまねけん　　　　さいばい

　ちなみに漢方は古代中国から伝わった医学ですが、「漢方」という呼
かんぽう　こだいちゅうごく　つた　　　いがく　　　　　　かんぽう　　　　　よ

び名は、江戸時代に日本で盛んになった西洋医学の「蘭方」と区別する
な　　えどじだい　にほん　さか　　　　　　せいよういがく　らんぽう　くべつ

ためにつけられたものです。

盗人の寝言
ぬすびと ねごと

意味

悪事はなにかをきっかけにばれてしまう。

　人が夢を見るとき、脳にある記憶の中でランダムに現れたものが物語になるそうです。睡眠には大きく「レム睡眠（眼球が動いている状態）」と「ノンレム睡眠（眼球が動いていない状態）」があり、その2つがくり返されているのですが、特にレム睡眠のときに、物語性の強い夢を見るといわれています。しかも、「動いている眼球で夢の中の映像を追っている」という研究結果もあるそうです。そこまでリアルに見ているのなら、寝言を言うのも仕方がないかも？

盗人の昼寝

意味 のん気なふりをしながら、
裏である目的をもっている。

「悪いことをするため、ひそかに準備する」という意味もあります。
　昼寝といえば「シエスタ（siesta）」が有名です。最も暑い時間帯である午後1時から2〜3時間ほどの休憩をとるこの習慣は、主にスペイン語圏を中心に30カ国以上で取り入れられています。ちなみに「1時間以上の昼寝は心筋梗塞や認知症のリスクを高める」という研究結果もあるそうです（そんなに長く昼寝ができる大人は少なそうですが……）。

column 22
盗人・泥棒

泥棒はまぎれもない悪人ですが、ことわざの中ではけっこうおっちょこちょいな者もいて……思わず笑ってしまいます。

稲荷の前の昼盗人
▶ 神の罰を恐れないずうずうしい人。

悪いことをすると罰が当たりそうな稲荷神社の前でも、日中に人のものを平気で盗んでしまうような悪人を表しています。

泥棒が縄を恨む
▶ 自分が悪いのに、それを罰した相手をうらむ。

このうらみを声に出して相手に言うと「逆ギレ」ですね。「盗人の逆恨み」という類句があります。

盗人が盗人に盗まれる
▶ 上には上がいる。

盗人も戸締まり
▶ 人は他人に被害を与えたとしても、自分は被害を受けたくないもの。

盗人を捕らえて見れば我が子なり
▶ 意外なことが起きてぼう然となり、対応に困る。

その情けない状況が「5・7・5」のリズムによってはっきりと浮かんできますね。「身近な人でも油断はできない」という意味もあります。

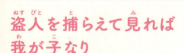

猫の魚辞退

意味

本当はほしいのに、口では「いらない」と断る。

「ネコが大好物の魚を拒否する」ということを表し、「一時的で長つづきしない」という意味もあります。

ところでネコは本当に魚が好きなのでしょうか？ ライオンやトラなどもネコの仲間であるように、本来ネコは肉食動物。もしかしたら、日本人が勝手に「魚好き」と思っているだけかもしれません。ちなみにネコの舌には、甘さを感じる部分がほとんどないそうです。

column 23 年齢

各年代のことわざが、自分に当てはまるかチェックしてみましょう。20代以降のことわざは、けっこう耳が痛いものも……。

7 七つ前は神の子

▶ 7歳までの子は神に守られていて、その期間の行動はとがめられない。

「七歳までは神のうち」ともいいます。

8 八つ子も癇癪

▶ 8歳ぐらいの幼い子どもでも、理由があると泣きわめいて意見を通そうとする。

「一寸の虫にも五分の魂」が類句です。

17 18 十七八は藪力

▶ 17、18歳の男は、血気盛んで力が強い。

「藪力」とは、藪に根を張った竹を引き抜いてしまうほどの強い力のことです。

20 二十過ぎての意見と彼岸過ぎての肥はきかぬ

▶ 20歳を過ぎた子に意見をしても、効き目がない。

「彼岸過ぎての肥はきかぬ」とは、「彼岸を過ぎてから麦に肥やしをやっても手遅れである」ということ。年を重ねれば重ねるほど、人の意見に耳を傾けにくくなるもの。自分勝手な「頑固な人」ではなく、柔軟な心をもった「信念のある人」になりたいですね。

三十の尻括り

▶ 30歳になると自分で考え、
しっかりと判断でき、堅実に暮らすようになる。

「尻括り」とは、後始末するべきものをまとめることです。

四十がったり

▶ 40歳になると体力がぐっと落ちる。

「がったり」とは、がくんと衰えることです。

六十の手習い

▶ 年をとってから勉強や習いごとをはじめる。

「七十の手習い」、「八十の手習い」ともいいます。

八十の三つ子

▶ 年をとると3歳ぐらいの幼い子どものように
無邪気になったり、聞き分けがなくなったりする。

「六十の三つ子」、「七十の三つ子」ともいいます。

鼠壁を忘る
壁鼠を忘れず

意味 被害を与えた方は忘れても、被害を受けた方はずっと忘れない。

「借りたものを返し忘れている」、「連絡するね、と言ったまましていない」……自分では「たいしたことはない」と思っていることでも、相手はずっと気にしているかも。気づいたときが、ばん回するチャンスのときです。
　ちなみに約5,000種いるほ乳類のうち、その半分はネズミ目の動物。「げっ歯類」とも呼ばれ、上下に2本ずつ丈夫な前歯があります。「げっ歯」とは「かじる歯」という意味で、前歯は死ぬまで伸びつづけます。

能なしの能一つ

勉強苦手
運動嫌い
でも
あやとりは得意

意味 なにも役に立たなそうな人でも、
1つぐらいは長所がある。

「愚者も一得」、「馬鹿にも一芸」という類句があります。
　自分の個性をつくるためには、大きく2つの方法があります。1つは、いろんな挑戦をして「人とは違う特技を探す」こと。もう1つは、一点に集中して「人がやることを人より多くやる」こと。みんながやっていることでも、圧倒的な量をこなせばそれは素晴らしい個性になります。「量より質」という言葉もありますが、たいてい「質」は「量」から生まれるものです。

蚤の小便 蚊の涙
(のみ)(しょう)(べん)(か)(なみだ)

意味 ほんの少し。

　ノミは1～3mmほどの昆虫で、羽はありません。成虫になるとオスとメス、どちらも動物の血を吸います。そのジャンプ力はなんと体長の数十倍。動物が出す二酸化炭素や熱、光に反応して飛びます。一方、カは3,000種以上いる昆虫で、そのうち人の血を吸うのは4分の3ほど。血を吸うのはすべてメスです。また、マラリアなどの病気をうつすものもいます。
「雀の涙」という類句があります。

灰を飲み胃を洗う

意味 過去の間違いを認め、心を入れ替えていい人になる。

昔、中国で帝が罪を犯した役人を牢屋に入れました。しばらくして臣下に役人の様子をたずねたところ、「彼は自分をすごく責めていて、『もし許されるなら刀を飲んで腸を削り、灰を飲んで胃を洗おう』と言っている」と聞き、帝は役人を釈放したそうです。
ちなみに灰を水に浸したときの上ずみ液（灰汁）は、汚れ落としに使われます。できることなら心にこびりついた汚れを灰汁で清めたいものですね。

馬鹿があればこそ
利口が引き立つ

意味 馬鹿な人がいるからこそ、
利口な人が引き立つ。

「世の中には馬鹿な人や利口な人など、いろんな人がいて、互いに補い合っている」ということを表しています。
　敗者がいないと勝者が生まれないように、結果を出せない人がいるからこそ、結果を出したごくわずかな人が輝きます。「人と比べるな」という考えもありますが、一方で人と比べて「なにが得意か」、「なにが好きか」を知るのも大切。「優越感」が「達成感」となり、人を育てることもあるのです。

column 24
馬鹿・阿呆

関東は「馬鹿」、関西は「阿呆」を日常の会話で使うことが多いです。「阿呆」は略して「アホ」と発音するのが一般的ですね。

阿呆の三杯汁

▶ 何杯も おかわりすることを あざける言葉。

「おかわりは2杯までが常識で、3杯も食べるのはおろかなことだ」ということを表していますが、ときと場合によりますね。「馬鹿の三杯汁」ともいいます。

一度見ぬ馬鹿 二度見る馬鹿

▶ 1回は見ないと話題に遅れてしまうが、2回見る必要はない。

「一度見ぬ阿呆 二度見る阿呆」ともいいます。

正直は阿呆の異名

▶ 融通のきかない正直者は、おろか者と同じ。

「正直は馬鹿の本」、「正直も馬鹿のうち」という類句があります。なんでも正直に言うと、ときに人を傷つけてしまうことも……「嘘も方便（ものごとをうまく進めるために、状況によってはウソも必要だし、許される）」ですね。

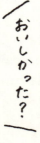

這っても黒豆

意味 はっきり間違いだとわかっていても、それを認めない。

　一度言い争うと、なかなか引くに引けないこともありますね。ただ、いつまでも非を認めないと、相手にされなくなる可能性もあるので要注意です。
　ちなみに、お正月のおせち料理でよく目にする黒豆は、実は大豆の品種の1つ。「黒大豆」、「ブドウ豆」とも呼ばれます。栄養も一般的な大豆とほとんど変わりません。皮に天然色素である「アントシアニン」というポリフェノールを含むため黒く、抗酸化作用があります。

鳩を憎み豆を作らぬ

意味 つまらないことにこだわり、必要なことをやらず、自分もまわりも損をする。

　豆を食べるハトを憎んで豆づくりをやめてしまえば、困るのは自分たちですね。「怒り」や「憎しみ」などの負の感情がわいたら、その場の気持ちに任せず、一度心を落ち着かせることが大切。つづければ完成するのに、いっときの感情で目標をあきらめてしまうのはもったいないことです。
　ちなみに、日本でよく見られるのは「ドバト」と呼ばれるハト。川原にすむ「カワラバト」が人に飼われ、その後、野生化したハトです。

column25
鼻・におい

「匂い」と「臭い」では印象が一転しますね。「職場での身だしなみでどうにかしてほしいこと」の1位は「におい（体臭）」という調査結果もあるそうです。

雲を掴んで鼻をかむ
▶ 絶対に無理。

空に上がった水蒸気が冷やされ、水や氷の粒になったものが雲……鼻をかんだらむしろつまる？

七皿食うて鮫臭い
▶ たくさん食べておいて、「まずい」と不満を言う。

「七皿も食べてから『この料理はサメの肉の臭みがある』と文句をつける」ということを表しています。ちなみにサメの肉は、独特のアンモニア臭があります。

鼻糞丸めて万金丹
▶ 薬の効き目がないことをあざける言葉。

「万金丹」とは、解毒などに効果があるとされる薬のことです。

鼻毛を抜く
▶ 相手の心を読んで出し抜く。だます。

逆に出し抜かれることを「鼻毛を抜かれる」といいます。

鼻毛を読む
▶ 女性が自分にほれている男性の心を見抜き、好きなようにもてあそぶ。

「鼻毛を数える」という類句があります。ちなみに、もてあそばれている状況を男性側から表現すると「鼻毛を読まれる」となります。

鼻の先の疣疣

▶ 邪魔だがどうすることもできない。

「目の上の瘤」という類句があります。

花の下より鼻の下

▶ 風流なことより、実際の利益の方が大切。

「花の下で目を楽しませるより、鼻の下にある口に食べさせることの方が先」ということを表しています。「花より団子」ということですね。

鼻をかめと言えば血の出る程かむ

▶ 人に言われたことに反抗して、当てつけに度を超えたやり方をする。

目から鼻へ抜ける

▶ すぐに理解する。抜け目がない。

「目から耳へ抜ける（ただ見ただけで、理解せず、覚えていない）」ということわざもあります。抜ける場所によって真逆の意味になるんですね。

我が糞は臭くなし

▶ 自分の欠点は、自分では気づきにくい。

141

鼻糞で鯛を釣る

意味

つまらないものを使って、大きな利益を得る。

「蝦で鯛を釣る」の方が一般的に知られていますね。

「魚の王様」ともいわれるタイ。「おめでたい」ものの象徴として有名で、七福神の1人・恵比須は、右手に釣り竿、左手にタイを抱えています。

ちなみに「金目鯛」と呼ばれる魚は、キンメダイ目キンメダイ科でタイの仲間（スズキ目タイ科）ではありません。日本にはほかにも「○○ダイ」と名づけられた魚が300種以上いますが、その中で日本にすむタイの仲間は13種だけです。

コラム column26
ハマグリ

ハマグリの由来には、「栗に似ている貝（浜栗）」、「浜の小石（グリ）のような貝」などの説があります。栄養がありおいしいハマグリは、縄文時代の人々も食べていたことがわかっています。

雀海に入って蛤となる
▶ 予想外の変化がよく起こる。

中国では「秋の終わりに雀の群れが海辺で騒ぐと蛤になる」という言い伝えがあったそうです。俳句では「雀蛤となる」は晩秋の季語で、「蛤に なる苦も見えぬ 雀かな」という小林一茶の句もあります。

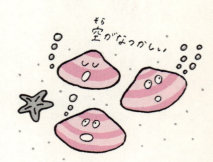

その手は桑名の焼き蛤
▶ その手は食わない。

「食わない」と三重県の「桑名」をかけ、桑名の名産物「焼き蛤」をつけたシャレです。

畑に蛤
▶ ありえない。見当違い。

目的に合わせて行動しないと努力が無駄になってしまいますね。マイクロソフト社の創業者であるビル・ゲイツはこう言っています。「成功の鍵は的を見失わないことだ」。

蛤で海をかえる
▶ 不可能。無駄な努力。

「かえる」とは、入れ替えること。「大海を手で塞ぐ」が類句です。

column27 腹（はら）

「腹」は体の一部としての意味だけではなく、「腹が減る」、「腹が立つ」など別の意味で使われることがあります。ここでは特に「腹が立つ」ことわざを紹介します。

言わねば腹ふくる

▶ 言いたいことをこらえていると、気分はすっきりしない。

「言わずにがまんすることは、食べすぎて腹がふくれ、気分がすっきりしない状況と同じである」ということを表しています。

聞けば聞き腹

▶ 聞かなければ知らずにすむのに、聞いてしまうと腹が立つ。

「聞けば気の毒 見れば目の毒」という類句があります。「聞かなければよかった」、「見なければよかった」という後悔は、あまりしたくないものですね。

腹が立つなら親を思い出せ

▶ 腹が立ったら、親の顔を思い出して怒りを抑えよう。

腹を立てて事件を起こしてしまった自分をなげき悲しむ親を想像したら、怒りも少しやわらぎそうですね。「腹が立つなら親を思い出すが薬」ともいいます。

腹立てるより義理立てよ

▶ 腹を立てても意味はなく、義理を立てることが大切。

贔屓の引き倒し

意味 ひいきをしすぎて、その人によくない結果を招いてしまう。

　好きな人をひいきしてしまうのは、ある意味仕方がないことです。でも、あまりにも露骨だとまわりの人を敵にしてしまいます。「ずるい」、「なんであの人だけ？」……そうした負の感情は、特別扱いを受けた相手に対しても向けられてしまいます。さりげなく、だれもが「それは仕方ないな」と思えるひいきができるとスマートですね。もしかすると「公平な人」と言われる人は、「ひいきをうまく使いこなしている人」なのかもしれません。

干潟の鰯
ひがた の いわし

意味 手も足も出ない。

潮が引き、砂の上に取り残されてしまったイワシの様子を表しています。陸に上がってしまってはどうしようもないですね。
　干物、煮物、塩焼き、加工食品などいろいろな形で食べられるイワシ。代表的なのはマイワシで、海の中で群れをつくって泳いでいます。1988年には日本の総漁獲量の約4割を占めていましたが、その後、激減。2005年にはピーク時の1%以下になってしまいました。

column 28 ひげ

ひげは個人差もありますが、1日に0.2〜0.4mm伸びるといわれています。特に秋ごろが伸びやすく、冬にかけて伸びにくくなり、春からまた伸びやすくなるそうです。

食わぬ飯が髭に付く

▶ 無実の罪をきせられる。
身に覚えのない疑いをかけられる。

「食べてもいないごはんの粒が髭についていて、『盗み食いをした』と疑いをかけられる」ということを表しています。

髭の塵を払う

▶ 目上の人や権力者にこびへつらう。

中国の宋の時代、丁謂という人物が宰相と会食した際、宰相の髭が吸い物の汁で汚れたため、それをふき取ってこびへつらったことが由来です。ちなみに丁謂はそのとき、宰相から「そこまでしないでいい」と笑われてしまい、ひどく恥をかいたそうです。

竜の髭を蟻が狙う

▶ 弱い者が身のほども考えず、強い者に立ち向かう。

「蟷螂の斧」という類句もあります。「蟷螂」とはカマキリのことで、どんな相手にも斧のような前足を振り上げて向かっていく様子を表しています。

膝っ子に目薬

意味 やっても意味がない。見当違い。

　涙は悲しいときや感動したとき以外にも、常に涙腺から出ています。普段はまばたきによって目頭に集まったあと、のどの方に流れていきます。目薬をさしたとき、その味を感じるのは涙に混ざってのどに流れてくるから。ちなみに目薬をさしてから目をパチパチすると、すぐにのどの方に流れて意味がないそう（「膝っ子に目薬」ですね）。目薬をさしたあとはしばらくまぶたを閉じるか、軽く目頭を手で押さえるといいそうです。

人は陰が大事

意味 人が見ていないところでも行動を慎むことが大切。

　人を動かす「あ・し・た」があります。それは、「愛情」、「〆切」、「他人の目」。特に「他人の目」は監視力になり、緊張感を生み出します。しかし本当の勝負は、「他人の目」がないとき。フォード・モーター社の創設者で「自動車王」と呼ばれたヘンリー・フォードも、こんな言葉を残しています。「品質とは、だれも見ていないときにきちんとやることである」……人格や自信はきっと、他人が見ていないときに育まれるのです。

人を呪わば穴二つ

意味 人に害を与えれば、
いつか自分に返ってくる。

「人を呪い殺すと、自分も呪い殺される」ということを表しています。「ウソをつこう」、「意地悪しよう」と思っていると、同じように悪さをされます。反対に「相手のためになろう」、「楽しませよう」と思っていると、同じように喜びをもらえます。つまり、「自分の態度」が「相手の態度」に表れるのです。「まわりに恵まれている」と思う人はきっと、自分自身が「まわりに恵みを与えている人」なのでしょう。

百日の説法 屁一つ

意味 長い間の苦労が、ちょっとしたミスによって無駄になる。

「説法」とは仏教の教義を説き聞かせること。「ありがたい百日間の説法も、おなら一発でだいなしになる」ということを表しています。信用してもらうのにどんなに時間と苦労を積み重ねても、失うのは一瞬ですね。

ちなみに日本には寺が7万以上あり、お坊さんは30万人以上います。江戸時代に幕府が寺の制度を整えたこともあり東京都内にも寺が多く、その数2,800以上（京都府は3,000以上）。1位は愛知県（4,500以上）です。

昼の化け物

意味 場違い。ありえない。

明るい昼にお化けが出ても、なんだか拍子抜けしてしまいますね。
日本ではいちばん夜が長く、昼の短い日を「冬至」と呼びます（12月22日ごろ）。昼の時間はだいたい9〜10時間ぐらいです。
ちなみに北極や南極周辺に行くと、1日中太陽の光がつづく白夜や、1日中太陽が出てこない極夜があります。極夜の時期なら、お化けはいつ出ても場違いにはならなそうですね。

column 29 貧乏

幼いころ貧しかった喜劇王・チャップリンはこう言っています。「私は貧乏をいいものだとも、人間を向上させるものだとも考えたことがない」……お金って大切ですね。

居ない者貧乏

▶ その場にいないと、なにかと損をする。

知らない間に話を進められてしまったり、もらえるものがもらえなかったり……顔を出さなかったがために損をしてしまった経験はありませんか。人が1つの場所に集まれば、なにかしら決まったり、連帯感が生まれるもの。大切な集まりにはできる限り出席して、仲間意識を共有しておきたいですね。

隣の貧乏 鴨の味

▶ 人は他人の不幸を喜ぶもの。

「隣の家が貧しいと、おいしいカモを食べているような気分になれる」ということを表しています。「隣の貧乏 雁の味」ともいいます。

貧乏に花咲く

▶ 今は貧しくても、いつかは裕福になるときが来る。

つらい時代をいっしょに過ごした人とは、強い絆で結ばれます。そんな人と、「あのころはたいへんだったなぁ」なんて昔の話に花を咲かせる時間は楽しいものです。

column 30
富士山

1万年ほど前の火山活動によって現在の姿となった富士山。「日本一高い山（3,776m）」であるため、ことわざでも「大きなもの」の象徴として使われています。

来て見ればさほどでもなし富士の山

▶ なにごとも大げさに言われて、実際はたいしたことがない場合が多い。

「富士山も実際に来てみたら、そこまですごい山ではなかった」ということを表しています。「5・7・5」のリズムなので頭にスッと入ってきますね。

富士の山ほど願うて蟻塚ほど叶う

▶ どんなに大きな望みがあっても、叶うのはごくわずかである。

「蟻塚」とは、土を盛り上げてつくられているアリの巣のことです。

富士の山を蟻がせせる

▶ 能力のない者が、無謀にも大きな仕事をやろうとする。

「びくともしない」という意味もあります。「せせる」とは、つついてほじくることです。まわりが「無謀だ」と言っても、本気で「やりたい」と思っていたら突き進むことも大切。女優のオードリー・ヘプバーンはこんな言葉を残しています。「人がどう思おうと私は私。自分の道を行くだけよ」。

鮒の仲間には鮒が王

意味 つまらない者の集まりでは、
つまらない者がリーダーになる。

　働きアリの2割は、ちゃんと働いていないそうです。また、「よく働くアリ30匹と働かないアリ30匹を取り出して観察すると、その中から2割程度が働かなくなった」、「よく働くアリが働かなくなると、働かないアリが働きはじめた」という研究結果もあります。もしかすると、「優秀な者ばかり集めても、その中からつまらない者が現れる」、「つまらない者ばかり集めても、その中から優秀な者が現れる」というのが世の中なのかもしれません。

冬の雪売り

つめたい雪はいりませんか

意味 ありふれたものを売っても買ってもらえない。

昔、アルミニウムは金や銀より貴重なものでしたが、大量生産できるようになると一般的なものになり、価値が下がりました（今では1円玉にも使われていますね）。つまり、世の中では「少ないもの」が「価値あるもの」と判断されることが多くあります。今、自分が「埋もれてるなぁ」と感じている人は、個性を無理やり変えようとするのではなく、自分が「少ない者」になれる場所を探してみるのも1つの方法です。

分分に風は吹く

意味 人にはそれぞれの立場、状況、能力に応じた生き方がある。

　レゲエを世界に広めたジャマイカの歌手であるボブ・マーリーは、子供のころに父を亡くし、母とスラム街で貧しく暮らしていました。しかし、そこでの経験を音楽活動に活かし、やがて「レゲエの神様」と呼ばれるまでに。彼はこんな言葉を残しています。「自分の生きる人生を愛せ。自分の愛する人生を生きろ」。
　今起きていること、今あるもの、そのすべてが明日を生きる糧になります。

column 31 屁

おならには硫化水素（硫黄と水素の化合物）が含まれています。「硫黄臭い」と感じるのはそのせいなんですね。ちなみに人の体の約0.25％は硫黄でできているそうです。

線香も焚かず屁もひらず

▶ 長所も短所もなく平凡である。

「線香の風流な香りでもなく、おならのように臭いわけでもない」ということを表しています。

屁と火事は元から騒ぐ

▶ 最初に騒いだ人が、それをやった本人である。

「『なんか臭い』と言う者がおならをした人で、『火事だ』と騒ぎはじめた者が火元の人である」ということを表しています。

屁一つは薬千服に向かう

▶ おならをするのは健康にいい。

おならを1回するのは、薬を1,000回飲むほどの効果がある……おならをポジティブにとらえる珍しいことわざです。確かにおならの我慢は体によくないですからね。

屁を放って尻窄める

▶ 失敗してからあわててごまかそうとする。

おならをしてから、おならが出ないようにお尻の穴をすぼめても、ときすでに遅し……それでも思わずすぼめてしまう姿が目に浮かびます。

下手が却って上手

 意味

下手だと自覚している人は、念入りにやるので上手な人よりうまく仕上げることがある。

「できない自分」を自覚していると、「まわりに追いつこう」と本気で作業に取り組みます。そのため人からの助言も素直に聞き入れることができ、グングン成長できるのです。一方、上手な人は「自分はできる」と油断して力を出し切らなかったり、「自分のやり方がいちばん」と考えてそれにばかりこだわってしまうことも……。50%の力しか出さない上手な人は、120%の全力を出す下手な人にすぐ抜かれてしまいます。

下手の大連れ

意味 役に立たない者に限って、大人数で群れようとする。

「人が多すぎるとじゃまになり、かえってものごとの妨げになる」という意味もあります。

なにかを「みんなでやろう」となったとき、「助けてもらおう」と思う人の集団か、「高め合おう」と思う人の集団か……それがチーム力の差になります。また、チームワークは大切ですが、「みんなでやろう」に慣れすぎると、いざ1人になったとき「どうしよう」となってしまうので注意が必要です。

column 32 下手

下手な時期は「つらい時期」ですが、成長を実感できる「楽しい時期」でもあります。「つらいから」といって挑戦しないのは、みずから楽しみを手放すのといっしょかも?

感心上手の行い下手

▶ 人の言葉や行動に感心してばかりで、なにもしようとしない人。

「やると絶対にいい」、「やるべきだ」とわかっているのに、なかなか行動に移せない……耳が痛くなることわざですね。

上手は下手の手本 下手は上手の手本

▶ 上手な人が下手な人の参考になるのはもちろん、下手な人のやり方は上手な人の参考になる。

「どうやったらできるか」だけでなく、「どうやるとできないのか」を知ると、また違った上達の道を歩めるはず。どんな人からも学ぶことはありますね。

下手の考え休むに似たり

▶ いい案が思いつかないのに、あれこれ時間をかけて考えるのは無駄。

長く考えると、結果が出なくてもついついやりきった気分になりがち。「長く考える」より、時間を区切って「何度も考える」と、そのときごとに視点が変わって新しいアイデアが浮かぶかもしれません。

下手は上手の飾り物

▶ 下手な人がいるから、上手な人が引き立つ。

病上手に死に下手

▶ ときどき軽い病気になる人は、なかなか死なずに長生きする。

蛇が蚊を呑んだよう

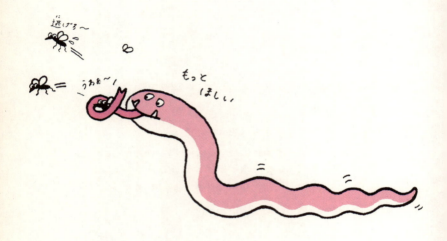

意味 おなかがいっぱいにならない。
もの足りない。

　ヘビの目は光を感じる程度で、耳はほぼ聞こえません。しかし、においや温度の変化を感知する器官が発達しています。いつも舌を出しているのは、舌で獲物のにおいを集めているから。また、自分の体より大きな卵などを丸飲みしたときは、体の中にある突起に卵をぶつけて割ります。
　ちなみに「蛇が蛙を呑んだよう（長いものの途中が格好悪く膨れ上がっている）」ということわざもあります。

坊主の花簪
ぼうず　　はなかんざし

意味 持っていても役に立たない。

「花簪」とは、造花で飾られたかんざしのこと。髪の毛を剃ったお坊さんにかんざしはいりませんね。

どんなに価値のあるものでも、使わなければ「宝の持ち腐れ（役に立つものを持っているのに、十分に活用できずにいる）」。長く愛用できるのは、「機能が優れたもの」より「自分に合ったもの」ですね。

「猫に小判」、「豚に真珠」が類句です。

column 33
坊主・僧

「坊主」には、「僧」や「頭に毛のない人」という意味があります。「いたずら坊主」みたいに、「男の子」を指すこともありますね。釣りで魚が1匹も釣れないことも「坊主」といいます。

嘘と坊主の頭は結ったことがない

▶ ウソを一度もついたことがない。

「ウソを言う」と「髪を結う」をかけたシャレです。

小坊主一人に天狗八人

▶ 力の差がありすぎる。

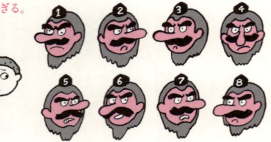

寺から出れば坊主

▶ そう思われても仕方がない。

「お寺から出てきた人は坊主と思われても仕方がない」ということを表しています。

似合わぬ僧の腕立て

▶ 似合わないことをしたり言ったりする。

この場合の「腕立て」は、腕力にものをいわせることです。腕力頼みの僧侶なんて、なかなかいないですよね。

164

仏千人 神千人
(ほとけせんにん かみせんにん)

意味 世の中には、悪い人だけでなくいい人もたくさんいる。

「世の中には仏や神のようないい人がたくさんいる」ということを表しています。一方で「味方千人敵千人（世の中には味方も多いが敵も多い）」ということわざもあります……状況によってはどちらも真実かも？

ちなみに劇作家・井上ひさしはこんな言葉を残しています。「もしもこの世に神様がおいでになるとしたら、その神様とは、じつはほんとうのお友だちのことを云うのではないか」。

仏の光より金の光

意味 人は仏のありがたさより、お金にひかれるものである。

「金ほどありがたいものはない」という意味もあります。
　もちろんお金はとても大切。でも「お金を稼ぐこと」だけに追われて、本来の目標を見失わないようにしたいですね。『ムーミン』の作者であるトーベ・ヤンソンはこんな言葉を残しています。「大切なのは、自分のしたいことを自分で知ってるってことだよ」……お金はあくまで「じぶんのしたいこと」をするための「手段」。そのために、ときには仏に祈るのもありかも？

法螺と喇叭は大きく吹け

意味 ウソをつくなら、人が傷つかない大きなウソをつけ。

「法螺」とは「ほら貝」のことで、「でたらめ」や「おおげさ」という意味もあります。同じく吹き鳴らす「喇叭」と並べたシャレです。
「ウソ」といえば4月1日のエープリルフール。この時期が新年だった1564年に、フランス王が新年を1月1日に変えたことから、怒った人々が「ウソの新年」として4月1日にお祭り騒ぎをしたことがエープリルフールのはじまりともいわれています。

column 34
まつげ・眉毛

目を守る役目を果たすまつげと眉毛。見た目（顔）の印象に大きく影響するのも共通していますね。

近くて見えぬは睫
▶ 身近なことは案外気づきにくい。

確かにまつげは目のすぐそばにあるのに、見えないですね。「秘事は睫（秘伝や秘法は案外身近なところにあり、気づいていないだけである）」という類句があります。

眉毛に火が付く
▶ 危険が迫る。

勉強、仕事、家事……今日も眉毛に火がつく人がたくさんいるのかも？

眉毛を読まれる
▶ 考えていることや心を読まれる。

相手に自分の眉毛の本数を数えられてしまうことを表しています。逆に、相手の考えや心の動きを見抜くことを「眉毛を読む」といいます。

眉を開く
▶ 心配事がなくなって安心する。

「不安に思ってひそめていた眉を開く」ということを表しています。

目は毫毛を見るも睫を見ず
▶ 他人のことは小さな欠点まで見えるが、自分のことはわからないもの。

「毫毛」とは細い毛のこと。目は、細い毛もしっかり見えるのに、すぐ近くにあるまつげを見ることはできない……同じようなことが暮らしの中でもよくありますね。

待つのが祭り

意味 なんでも待っている間が楽しい。

「お祭りの日より、その前日の方が待ち遠しくて楽しい」ということを表しています。「休日である日曜日の夕方より、平日である金曜日の夜の方がワクワクする」、「付き合っているときより、付き合う前の方がドキドキする」というのも同じことかもしれません。手に入れた現実より、まだ見ぬ未来を想像する方が楽しいのは、人間の性なのでしょうか……とはいえ祭りそのものも楽しみたいですね。

窓から槍

意味 **予想していなかったこと。突然なこと。**

「槍」と聞いて有名なものの1つが「賤ヶ岳の七本槍」。織田信長が亡くなった翌年の1583年、羽柴（豊臣）秀吉と柴田勝家が戦った「賤ヶ岳の戦い」にて、秀吉軍で活躍した7人の武将（加藤清正・福島正則・片桐且元・加藤嘉明・脇坂安治・平野長泰・糟屋武則）を指します。この勝利で秀吉は天下統一の道を歩みはじめました。しかし秀吉の死後、彼らの多くが徳川方についたと知ったら、天国の秀吉にとっては「窓から槍」かも？

丸い卵も
切りようで四角

意味 同じ内容でも、やり方によって円満に進んだり、角が立つこともある。

　このうしろに「物は言いようで角が立つ」とつづけることもあります。
　たとえば転職したとき、入った会社の悪いところをいきなり指摘すると、どんなに正しくてもまわりから「新入りがなんだ！」と嫌がられてしまいます。
　最初は「自分の言いたいこと」より、「相手が言ってほしいこと」を言うぐらいの方が、あとで言いたいことを言える仲になるかも。世の中は「いい悪い」ではなく、「好き嫌い」でできていることがほとんどなのですから。

味噌に入れた塩は よそへは行かぬ

意味 **他人を助けることは、結局自分のためになる。**

「味噌の中に入った塩は見えなくなるが、味をととのえるのに役立っている」ということを表しています。

日本でつくられる味噌の約8割は米味噌。お米、大豆、塩が原料です。鎌倉時代の武士はすでに味噌汁を飲んでいたと考えられ、江戸時代には「医者に金を払うよりも味噌屋に払え」ということわざが生まれるほど、味噌は生活に欠かせないものとなりました。

味噌も糞も一緒

意味 中身や価値の違うものを、ひとまとめにしてしまう。

「なんとなく似ているから」といって表面上だけで判断すると、あとで痛い目にあってしまいますね。人は性格、ものは性質をよく知ってから行動に移すことが大切です。
ちなみに味噌が日本に伝わったのは飛鳥時代（7世紀）だと考えられています。その後、平安時代の資料に初めて「味噌」という文字が登場。当時はまだ庶民には手の届かないぜいたくな食べものでした。

三たび肱を折って良医と成る

意味 苦しい経験を積み重ねて、初めて立派な人間になれる。

「自分の肱を何度も折って苦しみや治療を経験し、やっと優れた医者になれる」ということを表しています（「他人の肱」という説もあります）。

30歳前で難聴になっても、数々の傑作を生み出しつづけた音楽家・ベートーベンはこう言っています。「人間の最も優れたところは、苦しみを乗り越えて喜びをつかめることです」。苦しい経験をすれば成功するわけではありません。でも今輝いている人はみんな、苦しい経験を乗り越えた人です。

蚯蚓が土を食い尽くす

意味 できるはずがない。無用な心配。

「蚯蚓の木登り」ともいいます。

ミミズは実際に土をまるごと飲み込みます。そして、土に混ざっている栄養分だけを消化して、残った土を丸めて出します（食い尽くしません）。ミミズが出した土は植物が育ちやすく、動きまわるので畑などでは土を耕す役割も果たします。また、糞は肥料になります。ちなみにミミズには目や耳がありません（光を感じる細胞が皮膚のところどころにあります）。

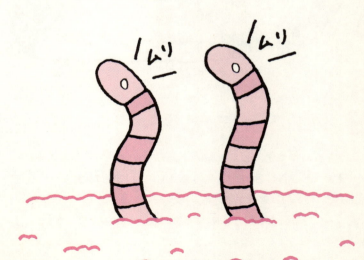

耳の正月

意味 おもしろい話や音楽を聞いて楽しむ。

「正月」とは1年の最初の月のこと。また、年の初めを祝う休みの時期をいいます。「元日」は1月1日のこと、「元旦」は1月1日の朝のことです（「元旦」は「元日」と同じ意味で使われるのが一般的です）。

ちなみに「初夢」は1月1日の夜、もしくは2日の夜に見る夢のこと。昔は節分（2月3日ごろ）の夜から立春（2月4日）の朝に見る夢のことでしたが、江戸時代の後半から現在のようになったそうです。

昔の歌は今は歌えぬ

意味 古いものは通用しない。

　昔の曲を聞いて「古い」と感じるように、今流れている曲も数十年後には「古い」と思われるはず。すべてのものが日々ちょっとずつ進化している世の中において、「現状維持は退化」なのかもしれません。過去を活かしてよりよい今をつくる……当たり前のようで、とても難しいことですね。
　ちなみに、カラオケは1970年代のはじめに日本で生まれました。現在は「KARAOKE」として、世界でも通じる言葉となっています。

column35 虫

世界には約100万種の昆虫がいるといわれています。現在も新種が発見されていて、一説によると「生物の3分の2は昆虫」とも。ちなみにクモは昆虫ではありません。

芋虫でもつつけば動く

▶ 鈍い人が相手でも、催促すれば少しは意味がある。

「芋虫」とは、チョウやガの幼虫の中で、毛のないものの俗称です。ちなみに毛虫には、毛に毒のないものもいます。また「毛虫＝ガの幼虫」ではなく、チョウの幼虫にも毛虫はいます。

蜘蛛の巣で石を吊る

▶ 不可能。とても危険。

クモの仲間には、毎日巣を張り替えるものもいます。また、「クモ＝クモの巣をつくる」と思いがちですが、クモの仲間の約半分は巣をつくりません。

黙り虫 壁を通す

▶ 黙々と打ち込む人が大きなことをやりとげる。

いつの間にか壁を食い破って穴を開ける……そんな小さな虫のように、まわりに気を散らさず、1つのことをやり抜く力を身につけたいものです。ちなみにこのことわざには、「油断していると、おとなしくて目立たない人がとんでもないことをしてしまう」という意味もあります。また、「黙り牛が人を突く」という類句があります。

己の頭の蠅を追え

意味

おせっかいを焼くより、まずは自分のことをやろう。

　嫌われもののハエですが、遺伝の研究に使われるショウジョウバエや、スズメバチに寄生するメバエの仲間など、人の暮らしに役立つものもいます。一方でフンを食べたり、海外には人の血を吸うハエもいるので……やっぱりハエは追いはらうべきかも？

百足に草鞋を履かすよう

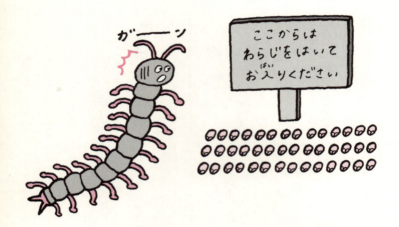

意味 とても面倒で、手間がかかる。

　ムカデの足の数は種によって違います。数十本から、多いものは「百足」と書くように100本以上……わらじを履くとなったら大仕事ですね。
　ちなみにムカデは一般的に夜行性で、暖かいところを好みます。口の左右にある毒を出す部分を使い、小さな昆虫やクモなどを食べます（人もかみます）。ムカデと似ているヤスデは、体の1つの節から左右2本ずつ足が出ていて（ムカデは左右1本ずつ）、肉食ではありません。

村には村姑が居る

意味 どんな場所にも、人のやることにあれこれ口うるさく言う者がいる。

「姑が嫁に口うるさく言うように、村にも他人に口うるさく言う姑のような人がいる」ということを表しています。

他人から理不尽な文句を言われたとき、毎回ぶつかり合っては疲れてしまいます。まずは相手の話を聞き、納得できる部分があれば「気持ちはわかる」と伝える……理解してくれる人をさらに攻撃する人はあまりいないはず。まわりとうまくやっていくには、「機嫌がいい」のがいちばんです。

飯の上の蠅

意味 次々とやってきて、追いはらいきれない。

　昆虫の羽は普通4枚あります。しかし、ハエは昆虫なのに羽が2枚しかありません。これは後ろ羽が退化して小さくなったから。役に立たないわけではなく、飛んでいるときのバランスをとる役目を担っています。
　ちなみにハエの足の先は吸盤のようになっているので、壁などに長くとまれます。しかも、足の先で味を感じることもできます。ハエがよく足をこすっているのは、汚れを落として感覚が鈍らないようにしているからです。

雌鶏につつかれて時をうたう

意味 夫が妻の言いなりになる。

「時をうたう」は「時を告げる」という意味です。
　ニワトリはなわばりを主張するために鳴くと考えられています。また、「強いものから鳴く」という研究結果もあるそうで……意外と人間社会と似ているかも？　ちなみにニワトリは、東南アジアにすむ「セキショクヤケイ」という鳥からつくられました。食用としてはもちろん、見た目や鳴き声の美しさを楽しむ観賞用のニワトリもいます。

もうはまだなり
まだはもうなり

意味 思い通りに進まない。

「株式などの相場で『もう上がらないだろう』、『もう下がらないだろう』と思っていると上がったり下がってしまい、『まだ上がるだろう』、『まだ下がるだろう』と思っているとそれ以上は動かない」ということを表しています。

人生の多くは「思い通りに進まない」からはじまるもの。日本女子大学校や大同生命保険を設立した実業家・広岡浅子は、「七転び八起き(何度失敗しても再びがんばる)」を超え、「九転十起」を座右の銘としていました。

股を刺して書を読む

意味 自分を厳しく励まして勉強する。

　紀元前の中国に、蘇秦という男がいました。彼は秦の王に意見書を10回も出しましたがすべて無視され、悲しみの果てに故郷に帰ると家族にも冷たくされてしまいます。とうとう食べものにも困った彼はやる気を出し、兵法書を読み出しました。眠くなったときは自分のももに刃物を刺して、自分自身を励ましたそうです。ちなみに蘇秦はその後、秦に対抗する6つの国の同盟に貢献。その6カ国の宰相となりました。

column 36 もち

昔から日本人に愛されていた「もち」。奈良時代の『豊後国風土記』には、農民がもちでつくった的に矢を射ると、的が白い鳥になって飛んでいった……なんて不思議な話が残っています。

開いた口へ牡丹餅

▶ 努力もしていないのに、思いがけない幸運が舞い込んでくる。

「棚から牡丹餅」ともいいます。実際はそんないいタイミングでもちが落ちてくることはほぼないので、地道に努力することが大切ですね。

品川海苔は伊豆の磯餅

▶ 同じものでも、場所によって呼び方が変わる。

「品川海苔を伊豆地方では『磯餅』と呼ぶ」ということを表しています。

提灯で餅搗く

▶ 思い通りにならない。解決できない。

隣の餅も食ってみよ

▶ 世の中のことは、経験しないとわからない。

「隣の家の餅の味は、食べてみないとわからない」ということを表し、「他人の飯も食ってみよ」という類句があります。ちなみに、フランスの皇帝・ナポレオンはこんな言葉を残しています。「チャンスをもたらしてくれるのは、冒険である」……成功の確率を上げるのは、「冒険（経験）の数」なんですね。

寝ていて餅食えば目に粉が入る

▶ 楽して生きてはだめ。

寝たまま餅を食べると、目に粉が入ってしまうように、楽にすまそうとすると必ず問題が起きてしまいます。「楽」して暮らすより、「楽しく」暮らしたいですね。

牡丹餅は棚から落ちて来ず

▶ 努力しなければ幸運は得られない。

ちなみに「牡丹餅」は、ぼたんの花に似ているのが名前の由来です。

餅の中から屋根石

▶ ありえない。

焼き餅焼くとて手を焼くな

▶ 焼きもちもほどほどに。

「焼きもちを焼く(嫉妬する)」と「手を焼く(てこずる)」をかけたシャレです。嫉妬で人生を焦がしてしまわないよう、焼き加減は「こんがり」程度に収めておきたいものです。

夜食過ぎての牡丹餅

▶ どんなものも時期が過ぎてしまうと、価値がなくなる。

夕飯後に「牡丹餅」が出ても、おなかいっぱいで食べられませんね。逆に「薬を飲む人にお水を渡す」など、たいしたことがないものでもタイミングがピッタリであれば喜ばれたりします。

薬缶で茹でた蛸

意味 **手も足も出ない。**

　一般的に知られているタコは、食用にも多く使われるマダコ。ほかにも体長が3mほどになるミズダコや、フグほどの猛毒をもつヒョウモンダコなどさまざまな種がいます。タコとイカの違いは、腕の数（タコは8本、イカは10本）やひれの有無（イカにはある）で見分けられます。しかし、例外として腕が8本しかない「タコイカ」というイカや、ひれをもつ「メンダコ」というタコもいます。
　ちなみにタコやイカには骨がなく、どちらも魚ではありません。

鑢と薬の飲み違い

意味 少ししか違わないため、早とちりをして間違う。

「や(八)すり」と「く(九)すり」を並べていて、リズムもいいことわざですね。木材やプラスチックなどを削ったり滑らかにするのに使われるやすり。「鑢(矢の突き刺さる部分)をする」や「弥磨(よりきれいに磨く)」が由来ともいわれています。その歴史は古く、ギリシャのクレタ島では紀元前2000年ごろの青銅のやすりが、エジプトでは紀元前700年ごろの鉄やすりが見つかっています。

藪医者の玄関

意味 **見た目や外側だけを飾って、中身が伴っていない。**

「下手な医者ほど、見た目だけ気にして玄関をきれいに飾る」ということを表しています。玄関で好印象を与えても、あとから下手なのがばれて問題になっては本末転倒ですね。長い目で見れば、自分の実力に合ったふるまいや見せ方をする「誠実な人」に、人は自然と集まるのかも。
「藪医者の手柄話（力のない人ほど自慢話をしたがる）」、「藪医者の病人選び（力のない人ほど仕事を選ぶ）」ということわざもあります。

山に蛤を求む

意味 手段を間違えば、どんなに努力しても成功しない。

　向かうべきゴールを決めても、進む道を間違えればいつまで経ってもたどりつけません。どんなに努力しても、まったく意味がなくなってしまいます。
　結果が出なかったとき（ゴールできなかったとき）は、「進む距離が足りなかったのか（努力不足）」、「進む道が間違っていたのか（手段の選択ミス）」をはっきりさせて、次に活かしたいですね。
　「木に縁りて魚を求む」、「水中に火を求む」という類句があります。

山の芋 鰻になる
やま　いも　うなぎ

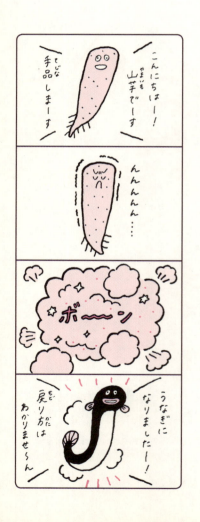

意味

起こるはずのない変化が、ときに起こる。

　ウナギは普段は川や池などで小魚、ミミズ、エビなどを食べている魚です。卵を産むころになると海へ向かい、卵からかえったウナギはしばらくしてまた川に帰ってきます。ちなみにウナギに似ているアナゴ（ウナギ目アナゴ科）は、海で一生を過ごす魚です。
　えら呼吸のほかに皮膚呼吸もできるウナギ。水の外でもしばらくは生きられるかもしれませんが……山での暮らしはきつそうです。

やらずぶったくり

意味 なにも与えず、一方的に取り上げる。

いつも「やらずぶったくり」でいると、その場はしのげても最後はぶったくる人がいなくなるか、仕返しされるだけです。逆に「やる」をつづけていれば、ぶったくらなくても人やものが集まってくるようになります。ロシアの小説家・トルストイはこんな言葉を残しています。「人生にはただ1つだけ疑いのない幸福がある。人のために生きることである」……「だれかのためにやる」のは本来、「だれかにやってもらう」以上に幸せなことなのです。

幽霊の浜風

意味 元気がない。迫力がない。

「ぐったりした幽霊が、浜辺の風に吹かれている」ということを表しています。意味がはっきりしないことわざでしたが、昭和40年代に「病み疲れたる寝姿は、げに幽霊のはま風にあふたる如く」という江戸時代の本の記述などが見つかり、このように解釈されました。

ちなみに、風は空気の冷たい場所から暖かい場所に吹きます。暖かい空気は軽いので上にいき、空いた場所に冷たい空気が入ってくるのです。

行き大名の帰り乞食

意味 計画的にお金を使わず、あとで困ってしまう。

「旅行などで行きに浪費してしまい、帰りはお金がなくてどうにもならなくなる」ということを表しています。
　江戸幕府3代将軍・徳川家光は、全国の大名を従わせるために「参勤交代」という制度をつくりました。大名は原則として1年おきに江戸を訪れねばならず、江戸を往復する費用は大名が負担。各大名の経済力が弱まりましたが街道が整備され、江戸文化も各地へと広まりました。

柚子の木に裸で登る

意味 みずから災いを招く。無茶をする。

「あんなことをしたら自滅するだろう」、「あの人は無茶だ」……人からそんな風に笑われるほど熱狂するものを見つけたら突き進むべきです。マイクロソフト社の創業者であるビル・ゲイツもこう言っています。「自分が出したアイデアを、少なくとも1回は人に笑われるようでなければ、独創的な発想をしているとは言えない」……「成功」という実をもぎとるためには、たとえ裸でもトゲの多い柚子の木に登らねばならないときがあります。

欲と二人連れ

意味 欲望のままに行動する。

　アメリカの心理学者・マズローが唱えた「欲求５段階説」というものがあります。「生理的欲求（食欲などの動物的な欲求）」、「安全の欲求（安全な暮らしを望む欲求）」、「社会的欲求（組織への所属を望む欲求）」、「自我の欲求（認められたい欲求）」、「自己実現の欲求（自分らしく生きたい欲求）」……欲求が満たされるごとに次の段階に進みます。さらにマズローは晩年、「自己超越の欲求（世の幸せを願う欲求）」を発表しました。

欲の熊鷹
股裂くる

意味 欲ばりすぎると身を滅ぼす。

「熊鷹」は、日本にも生息するタカの仲間。「2頭のイノシシを同時につかんだ熊鷹だったが、それぞれ左右に逃げたため、つかむのをやめなかった熊鷹の股が裂けてしまった」ということを表しています。

　ちなみにタカとワシはどちらもタカ科の鳥で、小さい方をタカ、大きい方をワシと呼ぶ習慣があります。タカ科はメスの方がオスより大きい種が多く、クマタカも大きいのはメスの方です。

横の物を縦にもしない

意味 面倒くさがってなにもしない。

あることを「面倒くさい」と思ってやらないと、ほかのことも面倒になってきます。また「面倒くさい」は、新たな「面倒くさい」を生み出します。「掃除をなまけていたらカビが生えた」、「机を片付けずにいたら資料が見つからなくなった」……それを「面倒くさい」と目をつぶり、さらにだらけていく……これでは負の連鎖が止まりません。「面倒くさいことから先に片付ける」。たった1つのルールで、連鎖の向きは180度変わります。

世の中は九分が十分

意味
世の中は思い通りにいかないものだから、90%できていれば満足するべき。

「九分」とは90%のことです。
　日々の暮らしの中で、すべてを自分の思い通りにすることはできません。「こだわりたい」という部分以外は、相手にゆずることも大切。すべてに自分の100%を求めると、まわりから「じゃあ全部あなたがやれば」と批判される可能性もあります。「妥協」ではなく、相手を信じて「譲歩」する。みんなの向く方向が1つになれば、100%だって超えられるはずです。

世は柳で暮らせ

意味 ときの流れに逆らわず、気楽に生きることが大切

「柳が風に吹かれるように世の流れに従おう」ということを表しています。現代宇宙理論に大きな影響を与えたホーキング博士は、21歳のころに体が動かなくなる難病（ALS）を発症。当時は「ひどく不公平に思った」そうですが、のちにこう言っています。「人は、人生が公平ではないことを悟れるぐらいに成長しなくてはならない」……「車椅子の物理学者」としても知られた彼は、風の流れの中に生きがいを見つけた1人かもしれません。

嫁が姑になる

意味 年月の経つのは早い。立場や状況があっという間に変わる。

「昨日は嫁 今日は姑」ともいいます。
「先輩が言った言葉、あのときはむかついたけれど、今はよくわかる」……そんな風に自分が先輩の立場になってから、当時の先輩のアドバイスを思い返すことがあります。でもそれは、後輩から先輩へと「立場が変わった」からであり、「成長した」からではありません。立場が変われば考え方が変わるのも当たり前。「成長する人」はたぶん、先輩の言葉を素直に聞いて、最初から実践する人です。

来年の事を言えば鬼が笑う

意味 将来のことをあれこれ言っても仕方がない。

　やりたくない作業で我慢するのはだれでもつらいもの。やりたいことをやっていれば、その途中にあるつらいことも我慢できます。まずは「大きな夢」を見つけて、それを叶えるための「小さな目標」を積み重ねていきたいですね。夢を実現した人に共通するのは、「才能」ではなく「継続」です。
　ちなみに、「将来」ではなく「過去」を鬼で表現した「昔のことを言えば鬼が笑う（過ぎたことにこだわっても仕方がない）」ということわざもあります。

利口の猿が手を焼く

意味 自分が利口だと過信した者が、難しい仕事をはじめて途中で困ってしまう。

　このことわざとは逆に、「できる」と信じると本当にできてしまうこともあります。やっている間に能力が飛躍的に上がったり、状況が変わったりするからです。画家・ピカソもこんな言葉を残しています。「できると思えばできる。できないと思えばできない。これは揺るぎない絶対的な法則である」……「自信が足りない人」は、少し自分を過信するぐらいがいいのかもしれません。

竜の髭を撫で虎の尾を踏む

意味 とても危険なことをする。

　リュウやトラに近づくようなレベルでなくとも、ときには失敗する危険性があることに挑戦しなければならない場合があります。でも、何度失敗したってそのうちの1つが次につながれば大成功。人生はたいてい、失敗することで動き出します。逆にいうと、安心・安全なことばかりやっている方が、むしろ危険なのかもしれません。いつもの「安心」を失ったとき、危険な挑戦で得たものが次の「安心」につながるからです。

竜馬の躓き
りゅうめ　　つまず

意味 優れた人もときには失敗をする。

「弘法にも筆の誤り」、「河童の川流れ」、「猿も木から落ちる」という類句があります。「竜馬」とは、足の速いウマのことです。

ウマの中で、競走用につくられたものを「サラブレッド（Thoroughbred）」といいます。17世紀ごろにイギリス人がイギリスと東洋のウマを交配させてつくったと考えられているウマの品種です。「徹底的に（Thorough）品種改良された（Bred）」という意味で、時速60kmほどで走ります。

礼に始まり乱に終わる

 意味

お酒の席は、最初は礼儀正しくはじまるが、最後は乱れるもの。

お酒を飲むと気持ちよくなるのは、大脳新皮質（理性を司る部分）の働きが鈍くなるから。気持ちが高揚するのは、大脳辺縁系（感情を司る部分）が活発になるからだそうです。また、お酒の強さは遺伝だけでなく、人種、性別、体重にも関係し、男性、若い人、体重の重い人の方がアルコールの分解能力が高く、酔いにくいといわれています。「乱」に終わってまわりに迷惑をかけないよう、自分の体質を知っておきたいですね。

我が好きを
人に振る舞う

意味 自分の好きなものを押しつける。

「おいしいから食べてみて」、「絶対おもしろいよ」とすすめられたのに自分の好みに合わないと、どう対応すればいいか困ってしまうことがあります。ものをすすめる場合は、言い方を工夫することが大切。「私はけっこう好きだけど、どう思う?」と質問形式にしたり、ときには「自分が好きなことは言わない」という選択もあるでしょう。小さな心配りがあれば、「押しつけ」ではなく「オススメ」として、相手も余計な気を使わずにすむかも。

我面白の人困らせ
(われおもしろのひとこまらせ)

あと30分だけ話していい?
やっぱり三国志って最高だよね。
えっ知らないの?
人生半分損してるよ。

意味 人に迷惑をかけても、
自分さえ楽しければそれでいい。

「我面白の人泣かせ」ともいいます。
　自分の考え、実績、好きなことをしゃべるとき、ついつい長話になってしまうことがあります。でも相手は「この人、気持ちよさそうに話してるなぁ」と引いているかも……「気持ちがいい」と感じるときほど、相手の表情をさりげなくチェックして、いっしょに楽しめているか確かめるといいかもしれません。
「愛想笑い」か「本当の笑い」かは、見てすぐにわかるはず。

column 37
3・4・5

最後のコラムでは、「3文字・4文字・5文字」の言葉でできていることわざを紹介します。リズムがいいので思わず声に出して読みたくなりますね。

開けて悔しき玉手箱
▶ 期待外れでがっかりする。

「乙姫からもらった玉手箱を持ち帰り、開けて見ると白い煙が上がり、あっという間に老人になった」という浦島太郎の伝説をもとにしたことわざです。

木仏金仏石仏
▶ 人の微妙な心の動きがわからない無骨者。

器用貧乏人宝
▶ なんでも器用にこなす人は他人から重宝されるが、1つのことでは大成せず、貧乏な暮らしになる。

「人宝」とは、「人に重宝がられる」という意味です。

上戸めでたや丸裸
▶ 酒飲みは、酔っぱらっていい気分になり、財産を使い果たす。

「上戸」とは酒飲みのこと。丸裸になる前に止めてくれる人がいるといいですね……。

210

とかく浮世は色と酒

▶ この世の楽しみは色恋と酒にある。

とかく近所に事なかれ

▶ 自分に影響がありそうな問題がまわりになく、穏やかであることがいちばんである。

始めきらめき奈良刀

▶ 最初だけ立派に見えて、すぐだめになるもの。

「奈良刀」とは、室町時代以後に奈良周辺でつくられた刀。新品のうちは光っていても、すぐにさびて斬れなくなる粗悪な刀の代名詞となってしまいました。

貧の盗みに恋の歌

▶ せっぱつまると、人はなんでもしてしまう。

「人はあまりにも貧しくなると盗みをはたらくようになり、恋に落ちると歌を詠むようになる」ということを表しています。夢中になりすぎて、悪いことを「悪い」と感じなくなってしまわないよう気をつけたいですね。

索引

あ

挨拶より円札 **P6**

開いた口へ牡丹餅 **P186**

商いは牛の涎 **P7**

呆れが礼に来る **P8**

開けて悔しき玉手箱 **P210**

朝起き千両 夜起き百両 **P39**

朝日が西から出る **P9**

明日食う塩辛に今日から水を飲む **P47**

後の喧嘩 先でする **P61**

あの声で蜥蜴食らうか時鳥 **P48**

阿呆の三杯汁 **P137**

雨の降る日は天気が悪い **P108**

慌てる蟹は穴へ入れぬ **P36**

鮑の片思い **P10**

鮟鱇の待ち食い **P48**

あんころ餅で尻を叩かれる **P11**

案じるより団子汁 **P98**

家柄より芋茎 **P80**

212

怒れる拳 笑顔に当たらず	**P12**
息の臭きは主知らず	**P13**
石が流れて木の葉が沈む	**P47**
石地蔵に蜂	**P14**
石に花咲く	**P9**
医者が取るか坊主が取るか	**P16**
医者上手にかかり下手	**P15**
医者と味噌は古いほどよい	**P16**
医者の只今	**P16**
出雲の神より恵比寿の紙	**P37**
板倉殿の冷え炬燵	**P84**
鼬の最後っ屁	**P17**
一度見ぬ馬鹿 二度見る馬鹿	**P137**
一犬影に吠ゆれば百犬声に吠ゆ	**P18**
居ない者貧乏	**P153**
稲荷の前の昼盗人	**P128**
今鳴いた烏がもう笑う	**P40**
芋の煮えたも御存じない	**P19**
芋虫でもつつけば動く	**P178**
いやいや三杯	**P70**

213

いらぬお世話の蒲焼 **P80**

色気より食い気 **P48**

鰯網で鯨捕る **P9**

言わねば腹ふくる **P144**

うかうか三十きょろきょろ四十 **P20**

浮世渡らば豆腐で渡れ **P21**

右次左次物言わず **P84**

牛に乗って牛を尋ねる **P23**

牛に引かれて善光寺参り **P24**

牛の小便と親の意見は長くても効かぬ **P22**

嘘と坊主の頭は結ったことがない **P164**

内閻魔の外恵比須 **P25**

蝦踊れども川を出でず **P26**

閻魔の色事 **P27**

遅牛も淀 早牛も淀 **P22**

遅かりし由良之助 **P84**

恐れ入谷の鬼子母神 **P80**

落ち武者は薄の穂にも怖ず **P28**

男猫が子を生む **P9**

鬼に瘤を取られる **P29**

214

鬼の念仏 **P29**

鬼も頼めば人食わず **P29**

鬼も角折る **P29**

己の頭の蠅を追え **P179**

お前百までわしゃ九十九まで **P30**

親の意見と冷や酒は後で利く **P70**

か

海賊が山賊の罪をあげる **P31**

海中より盃中に溺死する者多し **P70**

蛙におんばこ **P32**

蛙は口から呑まる **P33**

餓鬼の断食 **P34**

学者むしゃくしゃ **P80**

陰では殿のことも言う **P35**

稼ぐに追い抜く貧乏神 **P37**

がったり三両 **P38**

蟹の念仏 **P36**

蟹の横這い **P36**

金が言わせる旦那 **P38**

215

金さえあれば飛ぶ鳥も落ちる ……………………… **P38**

金と塵は積もるほど汚い ……………………………… **P38**

亀の年を鶴が羨む …………………………………… **P42**

烏の頭の白くなるまで ……………………………… **P40**

烏は百度洗っても鷺にはならぬ …………………… **P40**

烏を鷺 ………………………………………………… **P40**

川向かいの喧嘩 ……………………………………… **P61**

感心上手の行い下手 ………………………………… **P161**

木から落ちた猿 ……………………………………… **P74**

聞けば聞き腹 ………………………………………… **P144**

啄木鳥の子は卵から頷く …………………………… **P43**

来て見ればさほどでもなし富士の山 ……………… **P154**

木に餅がなる ………………………………………… **P44**

気の利いた化け物は引っ込む時分 ………………… **P45**

茸採った山は忘れられない ………………………… **P46**

木仏金仏石仏 ………………………………………… **P210**

器用貧乏人宝 ………………………………………… **P210**

食うことは今日食い言うことは明日言え ………… **P48**

食うた餅より心持ち ………………………………… **P50**

口あれば京へ上る …………………………………… **P52**

216

口と財布は締めるが得 **P38**

口は虎 舌は剣 **P53**

靴を度りて足を削る **P54**

蜘蛛の巣で石を吊る **P178**

雲を掴んで鼻をかむ **P140**

暗がりから牛 **P22**

水母の行列 **P55**

水母の骨 **P9**

車は海へ舟は山 **P47**

食わせておいて扨と言い **P49**

食わぬ飯が髭に付く **P147**

句を作るより田を作れ **P56**

けちん坊の柿の種 **P57**

結構は阿呆の内 **P58**

毛のない猿 **P74**

げらげら笑いのどん腹立て **P59**

喧嘩過ぎての空威張り **P61**

喧嘩過ぎての棒乳切り **P61**

喧嘩は降り物 **P60**

御意見五両 堪忍十両 **P62**

217

声無くして人を呼ぶ ………………………………… **P63**

極楽願わんより地獄作るな ………………………… **P64**

極楽の入り口で念仏を売る ………………………… **P64**

小言は言うべし酒は買うべし ……………………… **P65**

炬燵で河豚汁 ………………………………………… **P66**

小坊主一人に天狗八人 ……………………………… **P164**

米食った犬が叩かれずに糠食った犬が叩かれる …… **P48**

転べば糞の上 ………………………………………… **P51**

権兵衛が種蒔きゃ烏がほじくる …………………… **P41**

さ

財布の底と心の底は人に見せるな ………………… **P38**

竿竹で星を打つ ……………………………………… **P67**

先勝ちは糞勝ち ……………………………………… **P51**

鷺と烏 ………………………………………………… **P40**

酒買って尻切られる ………………………………… **P68**

酒の酔い本性違わず ………………………………… **P69**

酒は飲むべし飲むべからず ………………………… **P70**

酒は百毒の長 ………………………………………… **P112**

酒は百薬の長 ………………………………………… **P112**

札束で面を張る	P72
猿が仏を笑う	P73
猿の尻笑い	P74
三歳の翁 百歳の童子	P75
三十の尻括り	P131
敷居を跨げば七人の敵あり	P76
地獄にも知る人	P77
四十がったり	P131
品川海苔は伊豆の磯餅	P186
死に馬が屁をこく	P78
自慢の糞は犬も食わぬ	P51
自慢は知恵の行き止まり	P79
十七八は藪力	P130
出家の念仏嫌い	P81
上戸に餅 下戸に酒	P70
上戸めでたや丸裸	P210
正直は阿呆の異名	P137
上手は下手の手本 下手は上手の手本	P161
知らぬ顔の半兵衛	P84
知らぬ仏より馴染みの鬼	P29

尻が来る ……………………………………… **P82**

尻から抜ける ……………………………… **P83**

尻毛を抜く ………………………………… **P83**

尻に帆かける ……………………………… **P83**

尻に目薬 …………………………………… **P83**

次郎にも太郎にも足りぬ ……………… **P85**

信心過ぎて極楽通り越す ……………… **P64**

雀海に入って蛤となる ………………… **P143**

拗者の苦笑い ……………………………… **P86**

滑り道とお経は早い方がよい ………… **P87**

せかせか貧乏ゆっくり長者 …………… **P88**

銭は馬鹿かくし …………………………… **P89**

線香も焚かず屁もひらず ……………… **P158**

葬式すんで医者話 ………………………… **P16**

草履履き際で仕損じる ………………… **P90**

底に底あり ………………………………… **P91**

その手は桑名の焼き蛤 ………………… **P143**

た

大海を手で塞ぐ …………………………… **P92**

220

大根を正宗で切る ……………………………………… P93

鷹のない国では雀が鷹をする ……………………… P94

叩かれた夜は寝やすい ……………………………… P95

只より高い物はない ………………………………… P112

只より安い物はない ………………………………… P112

他人の念仏で極楽参り ……………………………… P64

黙り虫 壁を通す ……………………………………… P178

誑しが誑しに誑される ……………………………… P96

達磨の目を灰汁で洗う ……………………………… P97

団子隠そうより跡隠せ ……………………………… P98

団子に目鼻 …………………………………………… P98

旦那の喧嘩は槍持ちから …………………………… P61

近くて見えぬは睫 …………………………………… P168

茶碗を投げば綿で抱えよ …………………………… P99

提灯で餅搗く ………………………………………… P186

ちょっと来いに油断すな …………………………… P100

搗き臼で茶漬け ……………………………………… P101

月夜の蟹 ……………………………………………… P102

土仏の水遊び ………………………………………… P103

面の皮の千枚張り …………………………………… P104

221

出かねる星が入りかねる ………………………………… **P105**

寺から出れば坊主 ……………………………………………… **P164**

寺の隣にも鬼が棲む ………………………………………… **P106**

天知る地知る我知る人知る …………………………… **P107**

豆腐で歯を痛める …………………………………………… **P9**

道楽息子に妹の意見 ………………………………………… **P110**

とかく浮世は色と酒 ………………………………………… **P211**

とかく近所に事なかれ …………………………………… **P211**

何処の烏も黒さは変わらぬ …………………………… **P40**

年が薬 …………………………………………………………………… **P111**

泥鰌の地団駄 ……………………………………………………… **P114**

隣の貧乏 鴨の味 ……………………………………………… **P153**

隣の餅も食ってみよ ……………………………………… **P186**

隣は火事でも先ず一服 …………………………………… **P115**

飛ぶ鳥の献立 ……………………………………………………… **P116**

友と酒とは古いほど良い ……………………………… **P71**

取らずの大関 ……………………………………………………… **P117**

虎に翼 …………………………………………………………………… **P118**

泥棒が縄を恨む ………………………………………………… **P128**

222

な

鳴かぬ蛍が身を焦がす ……………………… **P119**

夏歌う者は冬泣く ……………………… **P120**

七皿食うて鮫臭い ……………………… **P140**

七つ前は神の子 ……………………… **P130**

海鼠の油揚げを食う ……………………… **P121**

蛞蝓の江戸行き ……………………… **P122**

なんでも来いに名人なし ……………………… **P123**

似合わぬ僧の腕立て ……………………… **P164**

握れば拳 開けば掌 ……………………… **P124**

人参で行水 ……………………… **P125**

盗人が盗人に盗まれる ……………………… **P128**

盗人の寝言 ……………………… **P126**

盗人の昼寝 ……………………… **P127**

盗人も戸締まり ……………………… **P128**

盗人を捕らえて見れば我が子なり ……………………… **P128**

猫の魚辞退 ……………………… **P129**

鼠壁を忘る 壁鼠を忘れず ……………………… **P132**

寝ていて餅食えば目に粉が入る ……………………… **P187**

能なしの能一つ ……………………… **P133**

223

飲まぬ酒には酔わぬ ……………………………………………… **P112**

飲まぬ酒に酔う ……………………………………………………… **P112**

蚤の小便 蚊の涙 ………………………………………………… **P134**

飲む者は飲んで通る …………………………………………… **P71**

は

吐いた唾は呑めぬ ……………………………………………… **P113**

吐いた唾を呑む …………………………………………………… **P113**

灰を飲み胃を洗う ………………………………………………… **P135**

馬鹿があればこそ利口が引き立つ ………………………… **P136**

化け物と義弘は見たことがない …………………………… **P85**

始めきらめき奈良刀 ……………………………………………… **P211**

畑に蛤 …………………………………………………………………… **P143**

二十過ぎての意見と彼岸過ぎての肥はきかぬ ……… **P130**

八十の三つ子 ……………………………………………………… **P131**

這っても黒豆 ………………………………………………………… **P138**

鳩を憎み豆を作らぬ …………………………………………… **P139**

鼻糞で鯛を釣る …………………………………………………… **P142**

鼻糞丸めて万金丹 ………………………………………………… **P140**

鼻毛を抜く …………………………………………………………… **P140**

224

鼻毛を読む	P140
話し上手の聞き下手	P113
話し上手は聞き上手	P113
鼻の先の疣疣	P141
花の下より鼻の下	P141
鼻をかめと言えば血の出る程かむ	P141
蛤で海をかえる	P143
腹が立つなら親を思い出せ	P144
腹立てるより義理立てよ	P144
贔屓の引き倒し	P145
東に近ければ西に遠い	P108
干潟の鰯	P146
髭の塵を払う	P147
膝っ子に目薬	P148
人酒を飲む酒酒を飲む酒人を飲む	P71
人は陰が大事	P149
人を呪わば穴二つ	P150
百日の説法 屁一つ	P151
冷や飯から湯気が立つ	P9
昼の化け物	P152

225

貧の盗みに恋の歌	**P211**
貧は世界の福の神	**P37**
貧乏に花咲く	**P153**
富士の山ほど願うて蟻塚ほど叶う	**P154**
富士の山を蟻がせせる	**P154**
鮒の仲間には鮒が王	**P155**
冬編笠に夏頭巾	**P47**
冬の雪売り	**P156**
糞は出たが別が出ない	**P51**
分分に風は吹く	**P157**
平気の平左	**P85**
下手が却って上手	**P159**
下手の大連れ	**P160**
下手の考え休むに似たり	**P161**
下手は上手の飾り物	**P161**
屁と火事は元から騒ぐ	**P158**
蛇が蚊を呑んだよう	**P162**
屁一つは薬千服に向かう	**P158**
屁を放って尻窄める	**P158**
弁慶の立ち往生	**P85**

坊主の花簪 **P163**

牡丹餅は棚から落ちて来ず **P187**

仏千人 神千人 **P165**

仏頼んで地獄へ堕ちる **P64**

仏の顔に糞を塗る **P51**

仏の光より金の光 **P166**

仏ほっとけ神構うな **P37**

法螺と喇叭は大きく吹け **P167**

極楽に行きたいー！

ま

蒔かぬ種は生えぬ **P109**

蒔絵の重箱に牛の糞盛る **P22**

待つのが祭り **P169**

窓から槍 **P170**

眉毛に火が付く **P168**

眉毛を読まれる **P168**

眉を開く **P168**

丸い卵も切りようで四角 **P171**

味噌に入れた塩はよそへは行かぬ **P172**

味噌も糞も一緒 **P173**

227

三たび肱を折って良医と成る ……………… **P174**

蚯蚓が土を食い尽くす ……………………… **P175**

耳の正月 ……………………………………… **P176**

耳は聞き役 目は見役 ……………………… **P108**

昔の歌は今は歌えぬ ……………………… **P177**

昔の某 今の金貸 ………………………… **P80**

百足に草鞋を履かすよう ………………… **P180**

村には村姑が居る ………………………… **P181**

雌牛に腹突かれる ………………………… **P22**

目から鼻へ抜ける ………………………… **P141**

飯の上の蠅 ………………………………… **P182**

目は毫毛を見るも睫を見ず ……………… **P168**

雌鶏につつかれて時をうたう ………… **P183**

面面の楊貴妃 ……………………………… **P85**

もうはまだなりまだはもうなり ………… **P184**

餅食ってから火にあたる ………………… **P47**

餅の中から屋根石 ………………………… **P187**

股を刺して書を読む ……………………… **P185**

や

薬缶で茹でた蛸 **P188**

焼き餅焼くとて手を焼くな **P187**

疫病神で敵をとる **P37**

やけのやん八 **P85**

夜食過ぎての牡丹餅 **P187**

鑢と薬の飲み違い **P189**

八つ子も癇癪 **P130**

藪医者の玄関 **P190**

病上手に死に下手 **P161**

山に蛤を求む **P191**

山の芋 鰻になる **P192**

やらずぶったくり **P193**

幽霊の浜風 **P194**

行き大名の帰り乞食 **P195**

柚子の木に裸で登る **P196**

酔いどれ怪我せず **P71**

欲と二人連れ **P197**

欲の熊鷹 股裂くる **P198**

横の物を縦にもしない **P199**

229

世の中は九分が十分 ……………………………… **P200**

世は柳で暮らせ ……………………………………… **P201**

嫁が姑になる ………………………………………… **P202**

喜んで尻餅をつく …………………………………… **P83**

ら

来年の事を言えば鬼が笑う ………………………… **P203**

利口の猿が手を焼く ………………………………… **P204**

竜の髭を蟻が狙う …………………………………… **P147**

竜の髭を撫で虎の尾を踏む ………………………… **P205**

竜馬の躓き …………………………………………… **P206**

礼に始まり乱に終わる ……………………………… **P207**

六十の手習い ………………………………………… **P131**

わ

我が糞は臭くなし …………………………………… **P141**

我が好きを人に振る舞う …………………………… **P208**

我面白の人困らせ …………………………………… **P209**

企画・編集・文：森山晋平（もりやましんぺい）

1981年生まれ。ひらり舎。食品会社の営業、広告制作会社のコピーライターを経て出版社の編集者に。『何度も読みたい広告コピー』などの広告コピー本や、『名作アニメの風景50』、『夜空と星の物語』などの風景写真集を企画。2015年の独立後は、『世界でいちばん素敵な夜空の教室』（三才ブックス）、『超分類！キャッチコピーの表現辞典』（誠文堂新光社）、『毎日読みたい365日の広告コピー』（ライツ社）などを手がける。

イラスト：角裕美（かどひろみ）

絵描き・イラストレーター。広島生まれ。山と瀬戸内海に囲まれのんびり育つ。武蔵野美術大学 視覚伝達デザイン学科卒。グラフィックデザイナーを経て絵描き・イラストレーターに。カラフルな色使いで、すっとぼけたキャラクター・世界を描く。個展、グループ展など、展覧会で作品を発表。また、広告、雑誌、Web、テレビ、商業施設アートワークなどでイラストレーションを手がける。

＜主な参考文献＞
『成語林 故事ことわざ慣用句』監：尾上兼英（旺文社）
『用例でわかることわざ辞典 改訂第2版』編：学研辞典編集部（学研教育出版）
『岩波 ことわざ辞典』著：時田昌瑞（岩波書店）
『暮らしの中のことわざ辞典 第3版』編：折井英治（集英社）
『成語大辞苑 故事ことわざ名言名句』（主婦と生活社）

本当にある！変なことわざ図鑑

2018年4月30日　第一刷発行

著者　　　　　森山晋平　角裕美

発行者　　　　長坂嘉昭
発行所　　　　プレジデント社
　　　　　　　〒102-8641
　　　　　　　東京都千代田区平河町2-16-1　平河町森タワー13階
　　　　　　　http://president.jp http://str.president.co.jp/str/
　　　　　　　電話　編集(03)3237-3732
　　　　　　　　　　販売(03)3237-3731

装丁・デザイン　公平恵美
協力　　　　　川合澄子　森山 明
販売　　　　　桂木栄一　高橋 徹　川井田美景　森田 巌　遠藤真知子　末吉秀樹
編集　　　　　渡邉 崇
製作　　　　　関 結香
印刷・製本　　凸版印刷株式会社

©2018　Hiromi Kado / Shinpei Moriyama
ISBN 978-4-8334-2277-2 Printed in japan
落丁・乱丁本はおとりかえいたします。